일본어의 역사

정원희 저

Publishing Company

머리말

이 책은 대학 또는 대학원에서 일본어를 전공하는 학생들의 학문적 발전을 위하여 일본어의 역사적 발달에 대한 사항을 체계적이고 조직적으로 기술하였다. 또한 일본어의 역사적 발달에 관한 성과는 물론 나라시대 이전부터 平安時代, 鎌倉時代, 室町時代, 江戶時代를 거쳐 현재에 이르기까지 일본어가 어떻게 변화해 왔는가에 대한 변화를 기술하였다.

일본어학의 시대구분은 정치사에서 구별하는 시대적 구분과는 약간의 차이가 있으나 언어변천의 특징을 기준으로 하여 상대, 중고, 중세, 근세, 현대로 구분하는 학설에 따랐다.

또한 각 시대를 문자, 문체, 중앙어와 지방어, 음운, 문법, 어휘로 구별하고 이미 출판된 일본학자들의 견해를 최대한 준중하면서 한국 실정에 맞게 각각의 특징과 사실을 구체적으로 기술하는데 역점을 두었다.

보조 자료는 권말에 수종의 연구 자료를 소개했으며 총설의 집필 및 연구 자료·색인의 작성 등은 지은이가 직접 조사하였고 각 학자들의 견해 차이에 의한 시대적 차이는 가능한 한 통일하고 집필의 특색이 있는 부분은 최대한 존중하였다. 이와 더불어 대학에서 강의하는 과정에서 학생들의 이해가 어려운 부분은 보다 알기 쉽게 풀이하여 지으려 노력하였다. 이 책이 조금이라도 학생과 연구자들의 도움이 된다면 지은이로서는 더할 나의 없이 기쁜 일이다.

마지막으로 이 출판에 협력해 주신 제이앤씨 출판사 윤석현 실장님께 감사드린다.

2011년 겨울
지은이 정원희

3

목차

· 머리말　3

제1장　총설 ···································· **7**

1 개관 ··· 7
2 일본어의 계통 ··· 9
3 시대구분 ··· 12

제2장　상대 ···································· **15**

1 문자 · 문체 ··· 15
　1) 漢子의 傳敎 · 17　　2) 한자의 이용 · 18　　3) 萬葉假名 · 19
2 중앙어와 지방어 ··· 24
3 음운 ··· 25
　1) 모음 · 30　　2) 자음과 음절 · 32
4 문법 ··· 38
　1) 대명사 · 38　　2) 동사 · 41　　3) 형용사 · 45
　4) 형용동사 · 48　5) 조동사 · 49　　6) 조사 · 51
　7) 경어 · 53
5 어휘 ··· 54

제3장 중고 ·· 57

1 문자 ··· 58
1) 草仮名·59   2) 平仮名·60   3) カタカナ·61

2 문체 ··· 62
1) 한문·한문 훈독체·62   2) 변체 한문·63
3) カタカナ宣命体·宣命体·64   4) 宣命体·64
5) 和文·65

3 중앙어와 지방어 ··· 65

4 음운 ··· 67
1) 모음·67   2) 자음과 음절·70

5 문법 ··· 75
1) 대명사·75   2) 동사·76   3) 형용사·79
4) 형용동사·81   5) 조동사·81   6) 조사·84
7) 경어·86

6 어휘 ··· 88

제4장 중세 ·· 91

1 문자 ··· 92

2 문체 ··· 94
1) 한문·95   2) 和文·95   3) 和漢混合體·96

3 중앙어와 지방어 ··· 96

4 음운 ··· 99
1) 모음·99 2) 자음과 음절·100

5 문법 ··· 107
1) 대명사·107   2) 동사·109   3) 형용사·112
4) 형용동사·113   5) 조동사·114   6) 조사·120
7) 경어·125

6 어휘 ··· 128

제5장 **근세** ……………………………………… 133

   1 문자 … 135
      1) 문자 · 135　2) 문체 · 136

   2 중앙어와 지방어 … 137

   3 음운 … 138
      1) 모음 · 138　2) 자음과 음절 · 140

   4 문법 … 146
      1) 대명사 · 146　2) 동사 · 147　3) 형용사 · 151
      4) 형용동사 · 152　5) 조동사 · 153　6) 조사 · 158
      7) 경어 · 163

   5 어휘 … 167

제6장 **현대** ……………………………………… 169

   1 문자 … 170

   2 문체 … 177

   3 중앙어와 지방어 … 179

   4 음운 … 182
      1) 모음 · 182　2) 자음과 음절 · 184

   5 문법 … 186
      1) 대명사 · 186　2) 동사 · 187　3) 형용사 · 형용동사 · 188
      4) 조동사 · 189　5) 조사 · 190　6) 경어 · 191

   6 어휘 … 192

· 主要日本語史關係文獻年表　196

· 文獻目錄　200

· 찾아보기　210

제 **1** 장

총설

1. 개관

언어는 시대와 함께 변천하는 것이지만 언어의 변천과 소생의 상태를 오로지 일본어를 대상으로 하여 음운·문법·어휘 등 모든 방면에 걸쳐 연구하는 학문이다.

일반적으로 언어를 연구하는 방법에는 비교연구·이론연구·실용연구 그리고 역사적인 연구 등으로 분류하여 생각할 수 있다.

첫 번째 방법은 언어를 정태적인 방면에서 연구하는 경우이며 두 번째 방법은 동태적인 방면에서 연구하는 경우이다. 언어가 사상전달의 역할을 하기위해서는 어떤 일정한 기간에 어느 정도 안정된 상태를 유지해야 하는데 이것을 언어의 정태적인 면 즉 공시적인 면이라고 한다.

그러나 이러한 안정된 상태는 시간의 흐름에 따라 변화하게 마련이고 이러한 변화는 시대에 따라 양상이 다르게 나타난다. 이것이 언어의 動態的인 면인데 이것을 언어의 通時的인 면이라고도 한다. 平安時代의 일본어는 共時性과 通時性이 공존했던 시기이다.

일본에는 매우 많은 방언이 있다. 또 직업과 계급의 차이 혹은 남녀노소의 차이에 따라서도 각각 특색 있는 언어가 사용되고 있다. 이와 같이 지역 또는 사회계층에 따라서 서로 다른 언어를 사용하고 있는가 하면 전국 공통으로 사용되고 있는 언어도 있는 데 이것을 共通語라고 한다.

공통어 중에서도 실제 일상생활에서 談話로 사용되는 것을 회화체 언어라고 하고 談話에서는 거의 사용되지 않고 문장에서만 사용되는 것을 문장체 언어라고 한다. 보통은 현대 공통어의 회화체 언어에 기초를 둔 口語文과 글을 쓰는 데만 사용되는 언어로 前代부터 전해 내려오는 특수한 언어인 文語文이 있다. 한마디로 일본어라 하지만 그 모습이 매우 복잡하고 과거의 일본어와 현대의 일본어 사이에는 여러 가지 측면에서 서로 다른 차이점을 찾아 볼 수 있다

한편 일본어의 변천을 연구하는 데 중요한 것은 자료이다. 현대어의 경우는 대개 직접 관찰하고 조사하는 것도 가능하지만 과거의 일본어는 어떤 자료에 근거하여 언어의 변천을 追求해야 한다. 이 때 중요한 것은 과거의 일본어를 기록한 문헌이다. 일본어사에 있어서 문헌 이외에도 중요한 것들이 있는데 그 중 하나는 謠曲과 狂言 등의 劇과 平曲 그리고 聲名 등의 歌謠類이다. 이것들은 문헌과는 다른 音聲資料로서 독특한 가치를 가지고 있다. 또 다른 음성자료로는 각 지방의 방언 중 과거 일본어의 한 면이 오늘날에도 남아 있는 것이 있는데 과거의 문헌에는 기록되어 있지 않은 것들이 사용되고 있지 않은 경우가 종종 있어서 일본 각지의 방언 연구가 일본어의 역사에 기여하는 면도 여러 가지로 생각할 수 있다.

2. 일본어의 계통

　세상에는 각종 언어가 쓰여지고 있는데 이 언어들은 모두 몇 가지 종류로 분류할 수 있으며 이들 언어를 분류하는 방법은 여러 가지 형태로 생각해 볼 수 있다. 그러나 여기에서는 지금까지 가장 일반적으로 분류하는 분류방법에 대하여 생각해 보겠다.

　첫 번째 방법은 언어를 형태적으로 분류하는 것이다. 세상의 언어는 여러 가지 문법 형식을 가지고 있는데 이 문법형식을 기준으로 분류한 것을 형태적 분류라고 하며 보통 고립어, 교착어, 굴절어, 포합어 등으로 분류할 수 있다.

　① 孤立語 : 낱말 그 자체로는 문법적 형식을 나타낼 수 있는 것이 없고 단어의 배열 순서에 의하여 문법적 형식을 나타내는 언어를 말하는데 중국어가 여기에 속한다.

　② 膠着語 : 실질적인 의미를 나타내는 단어의 앞과 뒤에서 부속적으로 단어의 조사·조동사·접사류 등의 語辭가 붙어서 문법적 형식을 나타내는 언어를 말하며 터키어가 여기에 속한다.

　③ 屈折語 : 문법적 관계를 나타내는 성분이 語幹과 融合한 것으로 이들을 서로 분리할 수 없고 어간 자체에서 내부 변화가 생겨 여러 가지 문법적 기능을 나타내는 언어를 말하며 라틴어가 여기에 속한다.

　④ 抱合語 : 굴절어는 동사의 어미의 변화에 의해 오로지 주어의 상관관계를 나타낼 뿐이며 客語와의 상관관계는 나타내지 않는다. 이와 반대로 포합어는 동사와 객어가 인칭별로 합쳐져서 동사 하나가 한 문장이 된 듯한 형태를 유지하는 언어를 말하며 아

이누어가 여기에 속한다.

위와 같은 언어의 형태적 분류는 매우 편의적인 분류에 속한다는 지적도 있는데 이러한 비판은 어떤 언어가 한 가지 성질만 가지고 존재할 수는 없기 때문이다.

일본어는 한국어와 마찬가지로 교착어에 포함되는데 이들 언어는 자립어에 부속어가 붙어서 문법적 형식을 나타낸다. 일본어가 교착어에 포함되는 이유는 위와 같은 성질 때문이며 일본어의 용언은 중국어와 달리 활용이라는 어형변화가 있고 文語 또는 古語에 나타나는 「雲行く」 「行く雲」와 같은 어순에 의하여 문법적 역할을 나타내는 것도 있다.

두 번째로 세상의 언어는 음운·문법·어휘 등 언어의 구조적인 차이에 따라 친족관계를 거슬러 올라가면 이들을 몇 개의 어족으로 분류할 수 있다. 이런 분류를 언어의 계통적 분류라고 하며 여러 어족 중 중요한 것들만 분류해 보면 다음과 같다.

① 인도유럽 어족
② 한셈 어족
③ 우랄 어족
④ 알타이 어족
⑤ 드라비다 어족
⑥ 인도 어족
⑦ 남아시아 어족
⑧ 남도 어족

이외에도 여러 가지 어족이 있다. 그러나 어떤 언어는 어족을 분명하게 결정할 수 없는 경우도 많이 있는데 아프리카어와 아메리칸 인디언어 등이 여기에 속한다.

일본어의 어족에 대한 연구는 19세기 이후 연구가 시작되어 지금까지 다양한 학설이 제창되었다. 이들 학설은 아리아어 계통설(인도유럽어설), 남방어 계통설, 우랄알타이어 계통설, 아이누어 기원설, 한국어 계통설, 류구자매어 계통설 등 다양하다. 한국어와 일본어는 문법구조상 현저한 일치에도 불구하고 어휘 및 문법 요소의 일치는 매우 빈약하다. 이것은 아마도 너무 이른 시기에 분화되어 서로 고립되었기 때문일 것이다.

일본어는 음운의 특이한 구조적 특징을 가지고 있는데 그 한 예로 開音節性을 들 수 있으며 이것은 음절이 모음으로 끝나는 것이 특징이다. 그러나 고대 일본어에는 閉音節이 존재했다는 것이 일반적인 학설인데 그 근거는 Kar, Kal, Kag 등의 음절이 Ka로 변화한 흔적에서 찾을 수 있다. 그것 뿐 만이 아니라 고대 일본에는 모음조화현상이 나타났던 것이 上代特殊假名遺의 연구에서 명확히 확인되어 알타이어 계통설 또는 한국어 계통설이 유력한 설득력을 얻는다.

또 문법적으로 한국어에는 [r]음과 어두에 탁음이 오지 않는 현상이 있는데 이러한 성질은 고대 일본어에도 똑 같은 형태로 나타난다. 어두에 모음이 오는 현상은 平安時代 이후 고대 일본어에 어두모음탈락현상이 일어난 결과 어두에 탁음이 나타나게 되었으며 어두에 [r]음이 나타난 것은 외래어의 영향이다. 후치사와 접미어, 조사와 조동사의 위치 및 이들의 문법적 관계가 한국어와 일치하고 어순에서도 수식어가 피수식어 앞에 오며 동사는 목적어위 뒤에 오는 등 문법적 일치를 보이고 있다.

이렇게 일본어는 한국어와 현저하게 문법적인 일치를 보이고 있음에도 불구하고 어휘의 일치가 의외로 적은 점에 비추어 보면 아직 한국어 계통설을 인정하기에는 조심스러운 점도 있으나 일본어는 한국어에서 파생되었을 가능성이 가장 높은 언어라 할 수 있을 것이다. 한편 일본어가 남방어족에 속한다는 자매어설도 있는데 언어의 일치가 어느 정도 나타나고 있어 어떤 관계과 있었던 것은 부정할 수 없으나 자매어로 보기는 어렵다.

3. 시대구분

일본의 문헌시대는 대개 7세기 推古朝부터 시작된다는 말이 일반적이다. 일본어사는 문헌시대 이후 현대까지 일본어의 변천을 다루며 회화체 언어를 중심으로 몇 단계로 시대구분을 하는 것이 일반적이다.

언어는 시간이 흐름에 따라서 變遷하며 그것은 천천히 진행하는 것이지 특정한 시기를 경계로 하여 급격히 변화하는 것은 아니다. 예를 들면 한 시대에 하나의 음운변화가 일어나고 어법에도 변화가 일어났을 경우 원래의 음운과 어형 등이 일시에 소멸해 버리는 것도 아니며 양쪽이 모두 병행하여 존재하는 과도기적 시기를 경과하는 것이 보통이다. 또 변화한 어떤 사실에 대하여 관찰해 보면 변화의 양상이 서로 다르고 시기가 엇갈리는 것도 흔한 일이다. 게다가 정치사와 제도사 등과 같이 명확하게 시기를 잘라 구별할 수도 없다.

그러나 시대가 경과하면 음운·어법·어휘 등이 변천한 일들을 알 수 있는데 이러한 현저한 차이를 보고 과도적 양상에 주의하여 경계선을 그을 수가 있다. 또 언어는 사회적인 것이기 때문에 사회의 변동에 영향을 받고 정치적으로 커다란 변혁에 따른 사회 정세의 변화는 언어에도 영향을 끼치게 된다. 이러한 점을 고려하여 일본어의 변화에 대한 시대 구분을 하는 것이 보통이다.

고대 ① 상대(奈良時代 및 그 以前)
　　 ② 中古(平安時代)
　　 ③ 中世(鎌倉·室町時代)
근대 ④ 近世(江戸時代)
　　 ⑤ 現代(明治以後)

일본어의 역사

제2장

상대

1. 문자・문체

일본은 고대에 문자를 고유의 문자를 가지고 있지 않았다. 그러나 고대 일본에 고유의 문자가 있었다는 주장이 鎌倉幕府 중기부터 나타나기 시작하였다. 江戸時代 국수주의 국학자인 平田篤種는 卜部兼賢의『釈日本記』에「龜卜の存在から文学がなければ云云」하는 기술을 근거로 고대 일본에도 神代文字라는 고유의 문자가 있었다고 강력하게 주장하였다.

神代文字라고 일컬어지는 문자는 여러 종류가 있는데 이러한 문자는「日文」,「天名地鎮」,「秀眞」에 나타나며 그 중에서도「日文」에 수록된 神代文字説은 篤胤를 비롯한 여러 국수주의 국학자들에 의하여 강력하게 인정받고 있었다. 그러나 이러한 주장은 明治時代의 국학자인 落合直文까지 답습되었으나 그 후 이러한 주장이 허구임이 속속들이 들어나게 되어 지금은 이설을 추종하는 학자들은 거의 없어지게 되었다. 寺川喜四男(1957)도 고대 일본에 神代時代에 神代文字라는 것이 있었다고 믿는 사람들이 있었는데 이런 글자가 있었다는 주장에 대하여 야마또 민족의 조상이 문자를 사용하지 않았다는 것은 믿기 어려운 사실이지만 고고학자들이 발굴한 토기나 문헌 등 어디에도 이러한 문자에 대한 기록은 나오지 않는다고 그의 저서에 적고 있다.

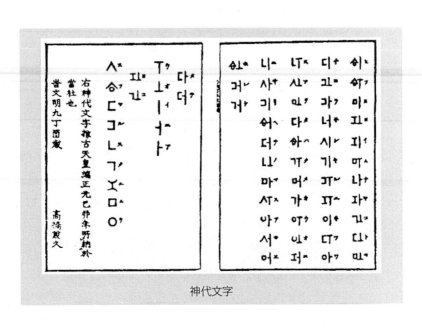

神代文字

神代文字는 イロハ四十七字에 ン을 더한 四十八字이며 五十音図에 의거하여 50개의 文字로 구성되어 있고 그 배열순은 イロハ順・五十音図順・ヒフミヨイムナヤ順이다. 또 문자의 구성법은 표의문자도 있지만 음절문자로 구성된 것이 많으며 우리 한글과 아주 흡사하고 자음과 모음이 결합하여 한 음절을 이루고 있다. 고대 일본의 「神代文字」를 모방한 것이 한글이라는 주장에 대한 반론으로 고대 일본에 일본 고유의 문자인 「神代文字」가 존재하지 않았다는 논거는 아래 5개 항목으로 완전히 뒷받침 될 수 있을 것이다.

① 음절문자는 문자발달 단계로 보아 표의문자보다 다음 단계에 나타난다.
② 奈良時代에는 四十音 이외에도 적어도 13개의 음절이 더 있었다.
③ 平安時代에 王仁博士에 의해 한자가 教育되기 이전에 일본에는 문자가 없있다는 기록이 있나.
④ 神代文字를 소개한 문헌은 江戸時代 이후에만 나타닐 뿐이다.
⑤ 古代에 일본 고유의 문자가 있었다면 일본의 고대인이 그 어려운 万葉仮名를 사용하고 또 그것을 기초로 생겨난 平仮名와 片仮名를 사용할 필요가 없었을 것이다.

이와 같은 사실에 근거해 보면 고대에 神代文字라는 일본 고유의 문자가 있었다는 주장은 설득력이 없으며 神代文字는 한글의 우수성을 탐낸 일본의 몇몇 국수주의 학자들에 의하여 만들어진 근거 없는 학설임이 분명하다고 할 것이다.

1) 漢子의 傳教

고대 일본에 한자의 傳教에 대한 기록은 『古事記』와 『日本書紀』에 잘 나타나 있다.

名和邇吉士, 即論語十券, 千字文一券 , 並十一券, 付是人即貢進(古事記)
阿直岐者, 阿直岐史之學祖也. 十六年春二月, 王仁來之, 則太子 菟道稚郎子師之, 習諸典籍於王仁, 莫不通達, 所謂王仁者, 是書首等始祖也.(日本書紀)

위 기록에 따르면 百濟의 王仁博士가 論語 열권과 千字文 한 권을 가지고 일본에 건너가 왕태자를 가르친 것이 고대 일본에서 문자를 사용한 최초의 공식적인 기록이다. 『日本書紀』에도 나타나 있지만 阿直岐와 王仁 등의 자손이 史(ふびと)의 신분으로 조정의 문서 기록과 관리를 담당하고 있었기 때문에 태자와 일본의 지배계급이 고대 일본인이었는지 일본 고대의 자료가 일본인의 손으로 기록되었는지는 분명하지 않다.

2) 한자의 이용

6세기 중엽 백제에서 불교를 전파하고 漢譯 佛典을 전하였으며 불교가 번창함에 따라서 한문과 한자의 학습도 자연스럽게 이루어지게 되었다.

고대 일본에서 사용된 문자로는 推古朝에 사용된 것으로 추정되는 金石文에 나타난 한자를 들 수 있는데 일본의 주민들이나 정착인들이 당시의 언어와 성질이 완전히 다른 한문과 한자를 사용하기에는 그다지 용이하지 않았을 것이다. 이러 저러한 이유로 이 당시의 금석문에 일본어식 문자체가 혼용되어 사용되기에 이르렀고 한국어와 일본어에 발달해 있는 경어체 문장이 생겨나게 되어 전체적으로는 한문식인데 비하여 부분적으로는 일본어화한 변체 한문이 생겨나게 되었다.

> 池邊大宮治天下天皇, 大御身勞賜時, 歲次丙午年, 召於大王天皇與太子而誓願賜, 我大御病大平欲坐故, 將造寺藥師像作仕奉詔『法隆寺殿堂藥師佛光背銘(607)』

· 으로 표시된 부분이 한문의 어순과 다른 혼동된 문체이다. 한자와

한문은 외국어로 음독함과 동시에 당시의 언어로 번역하여 훈독 방식으로 읽는 방법이 성행하였다. 또 고유명사 등 한자로 번역할 수 없는 것은 한자의 의미를 완전히 무시하고 그 음만 빌어서 사용하기도 하였다. 예를 들면 「斯歸斯麻阿末久爾意斯波羅岐比理爾波彌己『元興寺露盤銘(596)』」 등이다.

　한편 이러한 방법 이외에도 한자의 훈을 빌어서 사용하기도 하였는데 이것도 의미와는 아무런 관련도 없는 假名를 사용하였으며 音假名와 구별하여 訓假名라 하였다. 訓假名은 奈郞時代 이전에는 사용한 적이 없고 訓假名을 일반적으로 쓰게 된 것은 記紀가 쓰인 이후이다. 이런 假名(眞假名)를 萬葉假名이라고 부르며 『萬葉集』에서는 音假名와 訓假名이 혼용되어 쓰여지고 있다. 그 예로는 「久邇」, 「獨鴨念」, 「人間跡」, 「相見鶴鴨」, 「言義之鬼手」 등을 들 수 있다.

3) 　萬葉假名

　고유명사 등 중국어역을 할 수 없는 부분을 형태(음운)에 가까운 한자를 의미와 관계없이 음을 빌어서 나타내는 방법, 즉 萬葉假名는 六書 중의 假借에 상응하는 방법에 의해 성립되었다고 할 수 있다. 우선 고유명사는 『日本書紀』에서 「天國批開廣庭」, 「蘇我」, 「稻目」, 「豊浦」, 「豊御食炊屋姫」, 「厩戸豊聰耳」, 「馬子」 등의 문자가 차용되고 이 문헌에는 의미에 의한 字訓이 주로 쓰였다. 이 경우 訓의 성립은 한자의 일본어 번역이 전제가 된다.

　일본의 古事記에는 서기 285년 2월에 백제의 阿直岐, 王仁 등이 한문 서적을 가지고 일본에 건너가 王太子를 가르친 것이 고대 일본에서 문

元興寺露盤銘
(古典保存会本元興寺縁起에 의함)

자를 사용한 최초의 기록이다. 일본의 몇 몇 국수주의 학자들이 고의로 일본 고대사의 편년을 앞당긴 것도 있으므로 고대 일본에 문자가 실제로 사용된 것은 近肖古王代(서기 346~375)로 보는 것이 타당할 것이다.

萬葉假名라는 명칭은 그 문자의 사용법이 기록된 문헌이 『萬葉集』이기 때문에 그 이름을 따서 붙인 것으로 한자의 音과 訓을 그 의미와는 별도로 사용하는 音韻文字의 運用法을 말하며 신라의 吏讀와도 비교될 수 있다. 이것은 『萬葉集』 이외에도 上代의 문헌과 中古時代의 문헌에도 사용되었던 표기법이다.

우리나라는 <角干> 또는 <伊伐干>과 같이 音과 訓의 토착화 과정을 거쳐 단계적으로 誓記體에서 吏讀, 吏讀에서 鄕札로 그 형태가 발전해 갔다. 일본에도 誓記體式의 構文法, 吏讀와 같은 宣命, 鄕札과 같은 萬葉假名의 표기법이 있는데 이들 문자의 표기법의 발달단계도 나타나지 않을 뿐만이 아니라 고유명사의 표기법이 먼저 생겨난 흔적도 찾아 볼 수 없다. 신라의 표기법은 誓記體 吏讀와 이것과 대립되는 訓吐式 吏讀가 있다. 물론 이와 같은 표기법으로는 일본에도 佛經이나 漢語 經典을 訓讀으로 읽을 때 사용되는 <送り仮名>가 있다.

이와 같은 맥락에서 볼 때 한자의 音과 訓을 빌어 사용하는 고대 일본의 표기법은 우리나라의 고대 지식인들이 대량으로 일본으로 건너가 사용하던 것이 일본화 또는 토착화 되었을 가능성도 배제하기 어렵다.

萬葉假名은 일차적으로 당시의 일본어 音韻에 가까운 音을 가진 한자를 선택한 借音假名를 사용하게 되었다. 한자가 기진 원래의 의미를 서로 연관지어 사용한 경우도 간간히 나타난다. 예를 들어 보면 「川」를 「河波」, 「河泊」로 「川」과 관계가 있는 「河」, 「波」, 「泊」 등의 글자를 사용하였다.

그러나 중국어의 標準音은 政治的 中心地 와 시대의 변동에 따라 변화를 거듭

西本願寺本万葉集
(複製本에 의함)

하게 되는데 그 영향인지는 알 수 없으나 萬葉假名도 시대와 문헌에 따라서 표기법이 다르게 나타난다. 그 예로 일본어의 [が]音에 차용되는 한자음을 살펴보면 다음과 같다.

推古朝遺文 : 奇, 宜
古事記 : 何, 我, 賀
日本書紀 : 我, 賀, 河, 餓, 峨, 俄, 鵝
万葉集 : 何, 我, 賀, 河, 蛾

『推古朝遺文』에 [が]로 표기되는 奇와 宜의 글자는 이 시대의 다른 문헌에는 이와 다른 音으로 표기되고 있다. [が]音 이외에도 『推古朝遺文』에는 擧(ケ乙), 希(ケ乙), 巷(ソ甲), 속(ソ甲), 다(タ), 至(チ), 俾(ヘ甲), 明(マ), 已(キ乙), 里(ロ乙) 등 특수한 음가를 사용한 것들이 나타나고 있다.

『古事記』는 비교적 정리된 자모의 음운을 사용하고 있으며 부분적으로 일부 특이한 문자를 쓰고 있는데 반하여 『日本書紀』는 한자의 음을 그대로 사용하는 것을 원칙으로 하고 있다. 또한 萬葉假名의 사용법은 매우 복잡하며 『萬葉集』에 사용된 표기법이다. 그 예를 들어 보면 다음과 같다.

(1) 子音(고대 중국의 한자음)

  1) 一字一音을 사용한 것
    ① 子音 전체를 사용한 것
      波奈(花), 阿米(雨), 久母(雲), 比登(人)
    ② 자음의 一部를 딴 것

判奈(花), 安米(雨), 君母(雲), 必登(人) 중 判·安·君·必이 이
용자법에 따른 것이며 자음의 끝소리를 모두 사용하지 않고 있다.
③ 一字로 두 개의 음을 표시한 것

可久也歎敢(如此也歎かむ), 汝も半甘(汝も泣かむ), 直目니見
兼(直目に見けむ), 妹見兼鴨(妹見けむかも), 神思知三(神し知ら
さむ), 今吾戀落波(吾が恋くらくは)

2) 字訓에 의한 것
① 一字一音인 것

得羽重(上邊), 可見(神), 服會比(競), 戀爲來(恋しく), 爲形(姿),
數十(裾), 田名引(柵引), 三三(耳)
② 字訓의 일부를 딴 것

消長(日長), 荒足(嵐), 死者木苑(死なばこそ)
③ 一字二音의 訓을 사용한 것

忘金鶴(忘かねつる), 牛吐(領く), 借五百(假盧), 栗子(苦し), 夏
木堅(懷し)
④ 二字一音으로 사용한 것

五十村手有目(生きて有うめ), 二二火四吾妹(死なむよ吾妹)
⑤ 二字二音으로 사용한 것

情今會水苟少熱(情今そ和ぎめる), 十六自物(鹿じもの)
⑥ 기타

情八十一(情ぐく), 色二山上復有山者(色に出でば)
萬葉假名의 사용법은 1개의 音에 여러 개의 字母가 사용되었
다. 「サ」音에 代替되는 漢字音을 예로 들어 보면 다음과 같다.

『古事記』: 佐, 沙, 左, 讃

『日本書紀』: 佐, 沙, 作, 左, 姿, 瑳, 磋, 舍, 差, 匝, 讃, 尺

『万葉集』: 佐, 沙, 作, 左, 者, 紫, 紗, 草, 匝, 讃, 散, 尺, 積

등의 글자가 借用되었다. 이러한 현상은 당시 중국에서 사용하고 있던 四聲과 介母, 韻尾 등의 용법을 당시의 일본에서는 구별하지 않고 사용하고 있었음을 의미한다.

2. 중앙어와 지방어

奈良時代 70여 년간 수도는 平安京이었다. 그 이전에도 수도가 大和地方에 있었기 때문에 아마 이 지방의 언어가 중앙어이었을 것으로 추측된다. 이 당시 다른 지방의 언어가 어떤 것이었는지는 분명하게 알 수 없으나 아마도 東国地方의 언어는 중앙어와 상당한 차이가 있었을 것이라는 점을 『万葉集』 제14권에 수록된 東国歌와 제20권에 수록된 防人歌에서 충분히 짐작할 수 있다.

上毛野伊香保の嶺ろに施路與伎(降ろ雪)の行き過ぎがてぬ妹が家のあたり(万・十四・3423)
草枕旅の丸寝の紐絶えばあが手とつけろこれの波留母志(針持ち)(万・二十・4420)

여기에 나타나는 방언은 遠江과 信濃地方 및 東國方言으로 생각되며 이 지역은 지금도 동부 방언의 영역과도 거의 일치하기 때문에 東西 二大 방언의 대립은 이 시대에도 이미 존재했다고 보는 것이 타당하다. 이 이외에도 越中·九州 등에도 방언적 특이성이 존재했을 가능성이 크지만 그 상태를 알 수 있는 자료는 남아 있지 않다.

3. 음운

이 시대의 음가는 직접 들어서 판단할 수 있는 자료가 존재하지 않기 때문에 万葉仮名에 나타난 한자의 중국어음과 고대 한국어음, 나라시대와 같은 시대의 고대 한국의 문헌에 나타난 음가, 그 이후의 일본어의 음운상태 등에 의하여 판단할 수 있다.

상대의 문헌을 살펴보면 같은 낱말을 표기하는데 서로 다른 万葉仮名를 사용한 예가 자주 나타난다. 「君」라는 낱말을 표기하는데 사용된 한자를 살펴보면 岐美 岐彌 伎美 伎彌 伎見 枳美 枳彌 枳瀰 企瀰 嗜瀰 吉美 吉民로 표기했다. 이들 한자음은 모두 똑같은 음으로 생각할 수 있기 때문에 이 한자음을 분류하면 다음과 같다.

キ : 岐 伎 枳 企 嗜 吉
ミ : 美 弥 瀰 弭 民 見

다시말해서 위 한자들은 글자는 달라도 각 각 같은 음의 음가를 표기한 것이다. 「神」를 한자음을 빌려 표기한 예는 다음과 같다.

カミ(神) : 迦微 加微 枷微 俄未 可尾 加味

위의 표기법을 살펴보면 君의 「ミ」를 표기하는데 사용된 「ミ」와 神를 표기하는데 사용된 「ミ」의 한자가 서로 다른 것을 알 수 있다. 이것은 현재 하나의 음가로 사용되는 「ミ」가 당시에는 두 개의 음가를 가지고 있었다는 것을 의미한다. 그 예를 들어 보면 다음과 같다.

キ : 君 = 岐 伎 枳 企 嗜 吉(甲類)
　　 月 = 紀 奇 貴 氣 綺(乙類)

ミ : 君 = 美 弥 瀰 弭 民 見(甲類)
　　 神 = 微 未 尾 味(乙類)

상대의 한자음을 이런 방법으로 분류하여 모든 万葉仮名를 종류별로 분석해 보면 같은 음을 나타내는 몇 개의 덩어리를 발견할 수 있는데 이들은 당시 구별되었던 음절수라고 할 수 있다.

音節		推古期	古事記・萬葉集	日本書紀
あ	a	阿	阿安・足	阿婀軮
い	i	伊夷	伊夷以異已移・射	伊以異易怡
う	u	汗字有	于汗字有鳥羽雲・卯兎菟得	于汗字紆羽禹
え	ë		亞衣依愛・榎荏	愛哀埃
お	ö	意	意憶於應隱	意憶於淤飫乙磯
か	ka	加	加架賀嘉可哥珂詞甲汗香箇閑何・蚊鹿	加伽迦可哿柯河婀詞軻介箇
が	ga	寄宜	我娥何河賀	我俄峨餓鵝
き	ki(甲)	伎岐吉	支伎岐妓吉枳棄企・寸來杆	岐吉枳棄企耆祈祁

き	kï(乙)	歸	奇寄綺忌紀貴幾・木城	奇己幾氣基規旣
ぎ	gi(甲)		伎祈藝崎	伎儀蟻藝?
ぎ	gï(乙)		疑宜義	疑擬
く	ku	久	久玖九鳩君群口苦丘・來	久玖區苦句勾約俱矩貴履衛
ぐ	gu		具遇隅求	具遇愚虞
け	ke(甲)		家計鷄谿?雜價約結兼險監・異來	家計鷄雜祁啓稽
け	kë(乙)	氣居擧希	氣旣・毛消飼(介)	氣居戒開階凱愷慨概該
げ	ge(甲)		下牙雅夏	霓
げ	gë(乙)	義	氣宜礙・削	旱噯礙
こ	ko(甲)	古	古故姑枯祜高庫候・粉	古固故姑胡孤顧
こ	kö(乙)	己	己忌巨去許虛與・木	去居莒許渠據虛擧
ご	go(甲)		吾吳胡後虞・籠兒	吾悟吳娛誤
ご	gö(乙)		基期碁凝	語御馭
さ	sa	佐作沙	左佐作酢沙紗草散者紫積・狹	左佐作沙姿舍差瑳嗟
ざ	za		社射謝耶躶奢	社裝奘藏
し	si	斯	之芝子次資志思侍時詩斯師四失此式紫戶旨司指伺死事色使水新進信・僧石磯足爲	之芝子次資志思詩失尸司伺嗣旨指師效試始施絁泊靈辭
じ	zi	自	自士仕司時盡緇妓	自士耳茸珥餌
す	tsu		須周州洲酒珠數寸・栖渚酢	須周主酒秀素蒭輸殊
ず	dsu		受授殊聚・簀	受儒孺
せ	se		世西勢施・背脊追狹瀨	世西勢齊劑細是制勢
ぜ	ze		是・湍	滋嵫
そ	tso(甲)	楚噱	蘇素宗祖・十	蘇素沂
そ	tsö(乙)		曾僧增憎則所・衣苑背	曾層贈所則諸賊
ぞ	dzo(甲)		俗	
ぞ	dzö(乙)		序敍賊存	序敍茹鋤
た	ta	多侈	多他丹馱當・田立	多哆大馱扡陀黨
だ	da	陀	太陀大	太囊億娜
ち	ti	知智至	知智地陳・千市血茅乳	知智致池笞遲駝
ぢ	di	遲	遲治地恥	尼泥

つ	tu	都	都川追通・津管	都屠覩突莵徒豆頭圖
づ	du		豆頭	豆頭砮砮
て	te	弖	弖氐底天帝・而・手價直	弖氐滕底題帝諦
で	de	代	代田泥殿涅傳	泥涅涅提第耐
と	to(甲)		刀斗・礪速(土砥)戸利	刀斗社塗妬都覩屠徒渡圖
と	tö(乙)	登止	等登澄得滕・十鳥常迹(止)	等登澄鄧答騰滕
ど	do(甲)		土度渡	奴怒
ど	dö(乙)		抒杼特藤騰等	遖耐
な	na	奈那	奈那南難寧男・七各魚菜嘗	奈那娜乃難儺
に	ni	尼	尓迩二仁人日尼耳而柔・丹 荷煮似煎	尓你迩而珥尼貳
ぬ	nu	奴農濃・沼	奴農濃・沼宿寐	奴努農怒濃
ね	ne	尼	尼泥念年祢・根宿	尼泥涅涅祢
の	no(甲)		努怒弩	奴努怒弩
の	nö(乙)	乃	乃能・笑莅(野)	能遖
ま	ma	麻明	麻未萬万磨馬摩・眞前間鬼	麻末奔麽麋魔馬
み	mi(甲)	弥	弥民美・三見御	弥美弭寐湄
み	mï(乙)	未	未微	
む	mu	矣	武鵡六无牟模謨無務	牟武務夢茂霧
め	me(甲)	賣	賣咩馬面・女	賣咩迷謎綿
肥	më(乙)	米	米迷昧浼・目眼	迷妹昧每梅
も	mo(甲)		母(記)母毛勿物方文目忘茂望	母毛茂望梅謨謀暮慕墓悶 奔
も	mö(乙)		毛(記)門問聞畝夢藻哭喪裳	
は	fa	波	波破八半伴方播幡磻泊房薄 盤倍・早羽葉俗歯	波破婆絆泮巴播幡磻
ba	ba		伐破	麽摩魔
ひ	fi(甲)	比	比必卑賓嬪臂・日氷負飯檜	比毗必卑避臂
ひ	hï(乙)	非	非悲斐肥飛・火樋	比彼被秘妃
び	bi(甲)		比毗婢鼻	弭弥寐鼻
び	bï(乙)		備肥飛・乾	備眉媚糜
ふ	fu	布	布不否負粉敷賦・生歴經	布甫輔府符浮赴敷賦
ぶ	bu	夫	夫扶府	夫文豫騖步部
へ	he(甲)	俾	敝獘幣平弁反返遍邊陛覇・ 重部隔	幣弊蔽陛覇鼙

へ	hë(乙)		倍陪閇經?戶	倍陪俳沛杯閇珮
べ	be(甲)		弁便別辨・部	謎
べ	bë(乙)		倍	毎
ほ	ho	富凡菩	富凡本品朋保培抱	富朋保襃倍陪費抱袍譜報
ぼ	bo		煩菩番蕃	煩
や	ya	夜移	夜移也野耶楊・八失屋	夜移野耶椰倻
ゆ	yu	曲	由遊喩・湯	喩愈瑜踰臾庾
え	ye		曳延叡要謠・兄江吉枝柄	曳叡延
よ	yo(甲)		用容欲・夜	用庸遙
よ	yö(乙)	余與已	余餘與豫・代世吉四	余餘與譽預豫
ら	ra	良羅	良浪郎羅樂濫・等	羅囉邏
り	ri	利	利梨梨里理隣・人煎	利唎梨里理鳌鴛
る	ru	留	留流琉類	留瑠琉婁樓盧蘆漏
れ	re	礼	礼列例烈連	礼例黎淚
ろ	ro(甲)	里	路漏盧樓	露漏虜樓魯
ろ	rö(乙)	和	里呂侶	呂盧廬稜
わ	wa	韋	和・丸輪	和宛浣倭渦
ゐ	wi		韋位爲謂・井猪藍蘭	韋偉位爲委萎慧
ゑ	we		惠廻・咲畫	惠廻偉喂穢慧
を	wo	乎	乎呼哀遠怨越・少?男緖雄	乎弘鳥鳴塢惋

(주의 : ・의 다음 글자는 훈가나임)

이와 같은 音韻의 대립 관계를 橋本進吉氏는 甲類와 乙類로 구별하여 上代 文獻에 보이는 이 十三개 音의 구별을 「上代特殊假名遣」라고 이름지었다. 이 上代特殊假名遣의 연구에 의하면 上代에는 いろは 四十七音와 그 濁音 二十개, 甲乙의 구별이 있던 キケコ 이하의 二十音과 그 濁音 七, ヤ行의 エ와 더불어 ん을 제외한 八十七個의 音節의 구별이 존재했었다는 사실이 분명해졌다. 万葉假名에는 甲과 乙類의 구별이 있었는데 이들은 절대로 서로 혼용되어 사용된 경우가 없었다. 이이외에도『古事記』에는 モ音節이 하나 더 기록되어 있어서『萬葉集』보다 더 앞선 시기에 편찬된 것으로 판단할 수 있다. 古事記에는 청음 61개와 탁음 27개의 음절이 있었고 음절결합에는 약간의 제한된 법칙이 있었다. オ段乙類의 음은 같은 낱말 속에서 オ段甲類音・ウ段音・オ段音과는 서로 공존하지 않는 모음조화현상과 ラ行 및 탁음은 어두에 오지 않는 두음법칙이 있었다. 모음이 연속하는 음절은 어중과 어미에는 올 수 없으므로 복합어를 구성하여 모음이 연속될 경우 모음탈락 또는 모음변이 현상이 일어나게 된다. 예를 들어보면 「わがいも(我妹)→わぎも」, 「ながいき(長息)」→「なげき(嘆き)」 등이다. 이 이외에도 「あまごもり(雨隱)」와 같은 모음교체현상도 일어난다. 이와 같은 고대 일본어의 음운변화는 한국어에 나타나는 현상과 일치성을 보이고 있으나 다음 시대가 되면 이러한 현상은 흔적을 찾아보기 힘들 정도로 소멸해 버린다.

1) 모음

우선 「エ」의 二 種類는 자음 혼재 여부의 차이이며 五十音圖에서 보면 行의 차이 즉 ア行과 ヤ行의 차이이다. ア行의 エ는 [je]이었다고 한다. 이 이외에 子音과 복합음절로 キ・ヒ・ミ・ケ・ヘ・メ・コ・ソ・ト・ヨ・ロ의 イ段・エ段・オ段 三段에 두 종류의 음이 내포되어 있다. 이 音은 중국 운서 중의 하나인 『韻鏡』에 나타나 있는 기록에 비추어 보면 「等」과 「轉」의 차이, 즉 모음 음가의 차이라는 것이 확실해졌다. 이 두 종류의 音 中 甲類는 현대 음의 [e], [i], [o]와 같다는 것이 증명되었다. 그러나 그 음가에 대해서는 학자들마다 그 학설이 다양하다. 이 イ・エ・オ의 음은 각각 中舌을 사용하여 발음하는 애매한 음으로 [ë], [ï], [ö]로 표기되며 이 세음의 음가에 대해서는 다음과 같은 설이

서로 대립하고 있는데 이 음가는 고대 한국어의 이중모음이었을 것으로 추정된다.

음가 학설	イ甲	イ乙	エ甲	エ乙	オ甲	オ乙
橋本進吉	-i	-ï	-ɛ	-əi	-o	ö(ə는 중설모음)
有坂秀世	-i	-ï	-ɛ	-æ	-o	ö(o는 후설, ö는 중설 또는 전설 모음)
金田一京介	-i	-ï	-ɛ	-ë	-o	ö(을류는 중설모음)
大野晋	-i	-ï	-ɛ	-ɛ	-o	θ(ɛ는 중설모음, θ는 원순음)

『古事記』에는 甲類와 乙類의 구별이 가장 잘 나타나 있으며 モ에 대한 음가의 구별도 가장 잘 나타나 있다. 중앙어에서는 奈良時代 말경이 되면 이들 音에 대한 혼동이 나타나고 다음 시대가 되면 이들 音의 구별이 없어지게 되어 현대와 같은 한 가지 음으로 고착되어 버린다. 한편 東歌에 나타나있는 것을 보면 東國地方의 방언에는 위와 같은 갑류와 을류의 음의 구별이 없었던 것 같다. 奈良時代 이전에는 奈良時代에 사용되던 88개의 음절보다 많은 음절이 두 종류로 구분되어 사용되었을 것이라는 추측도 있다.

상대 일본어에는 현재 사용되고 있는 5종의 모음 이외에도 중설모음과 같은 변모음(자음과 결합하여 음절을 구성)이 사용되었다. 이들 중설모음에 비음적 요소가 첨가된 음이 존재했을 가능성도 간과할 수 없다.

コミケ(弓削)가 弓削(ユミゲ)로 발음되고 ユミツカ(弓束)가 ユヅカ, ユミツル(弓弦)가 ユヅル로 변화하였는데 [그]의 母音은 다음에 오는 음절의 영향을 받아서 鼻母音化 되었을 가능성이 높다. 또 『古事記』에는 청음과 탁음을 구별하여 使用하였는데에도 鼻音이 포함된 음절 다음

에 오는 청음은 濁音假名로 사용한 예가 보인다.

こもろくの波都勢能賀波能(泊瀬のかはの)『允恭記』

또 「蚊」를 「加安」로 표기하고 지명 「紀伊」「嚼啾」「寶飫」에서 알 수 있는 바와 같이 모음을 덧붙여 길게 발음하는 현상을 엿볼 수 있다. 따라서 이것은 단모음과 대립하는 음운으로 존재했던 것은 아닌 것으로 생각할 수 있다.

2) 자음과 음절

상대의 자음에 관하여 살펴보면 カ・タ・ナ・マ・ヤ・ラ・ワ 각 행의 자음은 [k], [t], [n], [m], [j], [r], [w]였을 것이나 음절을 자세히 분석해 보면 지금과 다른 면이 보이기도 한다.

タ행의 음 [ta], [ti], [tu], [te], [to]는 현재 た행의 음가 [ta], [tsi], [tsu], [te], [to]의 자음 [t]와 다른 점이 있었다. ア행과 ヤ행의 음은 이미 살펴본 바와 같으며 ワ행의 ワ[wa]는 현재와 같은 음을 유지했지만 그 외 ワ행의 음은 [wi], [we], [wo]였다는 는 점은 지금과 다른 점이다. ラ행의 음은 [r]음보다도 [l]음에 가깝다고 생각된다.

サ행음은 여러 가지 음이 섞여있는 상태로 사용되었기 때문에 정확한 음가를 추정해 낼 수 없는 관계로 金田一京助설과 有坂秀世설이 대립하고 있으며 아직 정설이라 할 만한 학설을 없다.

ハ행의 음은 현재 [f]음보다도 [h]음으로 인식되고 있는데 상대의 万葉仮名에서는 重脣音 [p]와 輕脣音 [f]가 혼용된 상태였기 때문에 サ행

과 마찬가지로 어느 쪽이 정설인지 판단하기 어렵다.

그러나 일본어의 음운변천사를 근거로 생각해보면 室町末期가 [f]음이었고 平安時代 円仁의 『在唐記』에서도 [f]이었다는 사실이 橋本進吉에 의하여 확인되었다. 이와 같은 사실에 비추어 볼 때 원래 고대의 음은 [p]였는데 [f]음으로 변화하는 과정을 거쳐 지금에 이른 것으로 판단된다.

탁음의 경우 ダ행은 [d]였고 ザ행은 [b]였을 것으로 추정되지만 정설은 아니다. 아마 バ행은 [b]였을 것이다. 탁음의 경우 청음에 대립하는 성질이 아니라는 연구가 있는데 이 설은 정설이 아니며 청음과 구별하여 쓰는 현상은 『古事記』에도 분명하게 나타나있다. 『万葉集』에는 혼용되어 나타나고 『日本書紀』에는 그 구별이 더 명확하게 나타난다. 이러한 점에 비추어 볼 때 淸音과 濁音의 음운적 대립은 부정하기 어렵다. 또한 中古時代에는 청음과 탁음의 구별이 뚜렷하였는데도 문헌에 표기상의 구별이 기록된 것은 없다. 따라서 이러한 현상에 비추어 볼 때 仮名表記가 정확하게 당시의 음운형상을 나타낸 것인지는 의문으로 남게된다.

이런 관점에서 보면 大野晋씨의「書記の淸濁の書き分けは意外に正確である」라는 주장은 의문시된다. 후세의 어형으로 보아 종래 탁음이라고 생각했던 것이 사실은 청음으로 보아야 할 것이 상당수 눈에 뜨인다.

그 예를 들어 보면 다음과 같다.

ウカカウ(窺ふ), ソソク(注ぐ), 偲ふ, ツクハ(筑波)

拗音은 開拗音과 合拗音으로 나눌 수 있는데 이 시대에는 促音이나

撥音과 마찬가지로 존재하지 않았다. 唇內[m]·舌內[n]·候內[ŋ]의 三內鼻音과 입성음 [p], [t], [k]도 「男信(なましな)」, 「丹波(たには)」, 「印南(いなみ)」, 「讚岐(さぬき)」, 「相模(さがむ)」, 「歎敢(なげかむ)」, 「亂今(みだれこむ)」, 「念名君(おもはなくに)」, 「越乞(しぐれ)」, 「作樂花(をちこち)」 등 仮名로 기록한 부분을 면밀하게 분석해 보면 이들은 1음절로 존재하지 않았다는 사실을 알 수 있다. 고유 일본어에는 어두에 탁음과 ラ행음이 오지 않았고 「力士舞」, 「礼」, 「檀越」 등은 모두 외래어이다. 「馬(うま)」, 「梅(うめ)」 등은 중국어의 字音에서 유래되었고 「寺(てら)」는 일찍이 고대 한국어에서 유래되어 일본어화된 낱말들이다. 『万葉集』에 수록된 낱말을 분석해 보면 이 당시의 음운을 알 수 있다.

> ……著せがて斯くや歎敢(嘆かむ)……(万・五・901)
> ……父母を置きてや長く吾が和加札南(別れなむ)…(万・五・871)

이와 같이 「敢」「南」 등 [m]을 끝음으로 차용한 것을 보면 이 시대에 撥音이 존재했을 가능성도 배제할 수 없다.

> ……妹を相見ずかくや奈氣加牟…(万・十七・3660)
> ……妹に恋ひ渡り奈牟…(万・十五・3660)

위의 예문에 나타나있는 것과 같이 [mu]를 표기한데 끝음 [m]을 사용한 것을 알 수 있다. 이 경우 唇音의 m은 マ행으로, 舌內의 n은 ナ행음으로, 喉內의 ŋ은 ガ행음으로 서로 구별하여 사용한 것을 알 수 있다.

男信 ナマシナ 　　丹波 タニハ 　　印南 イナミ

讃岐 サヌキ 　　相模 サガミ 　　香山 カグヤマ

또 한자음의 입성음도 개음절화하여 [p]는 フ, [f]는 チ・ツ, [k]는 キ・ク로 되었다. 그러나 이 시대에는 입성음이 발생한 흔적은 보이지 않는다. 따라서 이 시내에는 促音 현상이 없었고 입성음의 영향에 의하여 促音 현상이 나타나는 것은 그 다음 시대로 이어진다.

① 두음법칙

음절이 결합해서 단어와 복합어를 만드는 경우를 살펴보면 ラ행의 음은 어두에 나타나지 않는다. 여기에 속하는 낱말로는 「らし」, 「らむ」, 「る」, 「らる」, 「る」 등으로 부속어로서 조사, 조동사 부류에 속한다. 또한 ガ・ザ・ダ・バ행의 탁음은 문절의 어두에 오지 않는다. ガ・ザ・ダ・バ행의 탁음은 문벌의 어두에 오지 않는다. 「が」, 「ば」, 「ど」 등은 조사이고 자립어가 아니다. 「誰」의 음가는 「多禮」, 「多例」, 「多我」 등 清音仮名로 사용되었다. 『万葉集』에 「力士舞」, 「礼」, 「五位」, 「婆羅門」 등의 어휘가 나타나는데 일본의 고유어에는 존재하지 않으며 이들은 아마도 외래어일 것이다. 모음은 어두 이외에는 사용되지 않으며 語中語尾에도 사용되지 않는다는 법칙이 있다. 이것은 고유일본어에서 모음의 병립을 인정하지 않는다는 의미이며 예외적인 것으로 「橈(かい)」, 「設く(まうく)」, 「老い」, 「悔く」 등의 낱말이 있다.

② 연모음

어두에 모음 음절이 존재하는 낱말이 복합어를 만들 때 모음이 탈락하는 현상이 있다.

(가) 前項末尾의 모음탈락

荒磯(あらいそ) →あいそ

河内(かはうち) →あふち

我(わ)が妹(いも) →わぎも

(나) 모음 음절의 탈락

離れ磯(はなれそ) → はなれそ

船出(あないで) → ふなで

妹が家(いもがいえ) → いもがえ

연속하는 두 개의 모음이 완전히 다른 별개의 모음으로 변화하는 것

(가) i+a → e 左家理(サケリ←き+有)

宇計久(ウケリ←憂き+あく)家・計 甲類

(나) a+i → ë 多気知(タケチ←高+市)(古事記)

名毛伎(ナゲキ←長+息) : 気・毛는 乙類

(다) ö+i → ï 意悲志(オヒシ←大+石)(古事記)

중간에 자음이 첨가되는 것

波流佐米(ハルサメ←春+[s]+雨)

見之祢(ミシネ←御+[s]+稲)(神楽歌)

佐叡(サエ)←叡는 ヤ행의 エ 자은어(采:sai)에 [j]가 첨가된 이중 모음으로 판단함

이러한 현상은 두 모음의 병립을 피하기 위한 것으로 「春雨(はるあ
め)」를 「ハルサメ」로 발음하고 語頭 子音語인 「采(さい)」를 「佐叡
(saye)」로 읽는 것도 두 모음이 병립되는 것을 피하기 위하여 모음과 모

음 사이에 자음이 끼어든 것으로 해석된다. 특징적인 것으로 말음법칙은 한자어가 三內鼻音과 입성음인 것으로 이들은 일본어로 표기할 때에는 반드시 모음을 붙여서 발음하는 법칙을 말한다. 이러한 발음구조의 특색은 일본어가 개음절구조이기 때문이다.

③ 모음조화

有坂博士는 동일결합단위(어간 및 어근)내에서 결합할 수 있는 모음에 제한이 있다는 몇 가지 음절결합의 법칙을 발견하였다.

> (가) 甲類의 オ列音과 乙類의 オ列音은 동일 결합 단위 내에 존재하지 않는다.
> (나) ウ列音과 オ列音과는 동일 결합 단위 내에서 거의 공존하지 않는다.
> (다) ア列音과 乙類의 オ列音은 동일 결합 단위 내에서 공존하지 않는다.

그러나 이러한 법칙은 고대 한국어는 물론 현대 한국어에서 흔히 발견되는 현상이다. 즉 [a], [u], [o]는 양성모음, [ö]는 음성모음, [i]는 중성모음이며 음과 양은 서로 결합하지 않고 양자는 중성모음과 결합한다는 모음조화현상을 말해주는 것이다. 이것은 알타이어족에 나타나는 특징적인 현상으로 일본어의 계통과 고대한국어의 연관성에 대하여 시사하는 바가 크다고 말할 수 있다.

④ 모음교체

낱말이 파생어 또는 복합어를 만들 때 구성요소의 前項末尾母音이 타 모음과 교체하는 현상을 말한다. 이러한 현상은 이미 奈良時代에 고정되었던 것 같다.

　　　　エ列乙類 : 安米「アメ」 ↔ 安麻基毛里「アマグモリ」
　　　　　　　　左気 ↔ 左加豆岐「杯」
　　　　イ列乙類 ウ列: 可未「神」 ↔ 可空加是「神風」
　　　　　　　　都奇「月」 ↔ 都久欲「月夜」
　　　　イ列乙類 オ列乙類 : 紀「木」 ↔ 許奴礼「木末」
　　　　イ列乙類 甲列乙類 : ナギイ列乙類 ↔ ナゴヤ

4. 문법

1)　　대명사

　상대의 대명사는 기본형과 가본형에 접미사「れ」가 붙은 형태가 같이
쓰였다.
　제1인칭 대명사에는「あ」,「あれ」,「わ」,「われ」,「おの」,「おのれ」
가 사용되었다.「あ」,「わ」(자칭),「な」(대칭),「た」(부정칭) 등의 기본형
은 단독으로 사용되지 않고 항상 조사를 동반하여 사용되는데 대개는
「が」가 많이 쓰인다.

　　　ひさかたの天照る月は見みつれと安我(あが)思ふ妹にあはぬ頃かも
　　　(万・十五・3650)
　　　家に行きて加何にか吾が(阿我)せむ枕づくつまやさぶしく思ほゆべ

しも(万・五・795)

人は岩木よりなり出し人が奈何(なが)名告らせぬ天行かば奈何(万・五・800)

이에 대하여「あれ」,「なれ」,「たれ」등은 단독으로 쓰이며 조사를 동반하는 경우노 있시반 소사「が」와 쓰이지는 않는다.

龍の馬をあれは(阿礼波)求めむあをによし奈良の京に来む人のために(万・五・808)

親なしになれ(那礼)なりけめや(推古紀)

ひともとのなでしこ植しその心たれ(多礼)に見せむと思ひそめけむ(万・十八・4070)

제1인칭인「あ」와「わ」는「あぎ(吾君)」「あづま(吾妻)」「あせ(吾兄)」의 예가 書記에 나타나는데「わ」는 명사와 직접 결합하여 숙어를 만들지 않는다. 숙어는 오래된 낱말에 나타나는 현상이므로「わ」보다는「あ」가 더 오래전에 사용되었다고 할 수 있다. 이 시대에는「わ」,「あ」가「あ」,「あれ」에 비하여 용례가 많은 점으로 미루어 보아「あ」,「あれ」는 쇠퇴되었을 가능성이 높다.

汝が母に噴られ吾は(阿波)行く青雲のいで来吾妹子あひて見むため(万・十四・3519)

吾妹兒や吾を(安乎)忘れすな石の上袖振る河の絶えむと念へや(万・十三・3013)

제2인칭 대명사에는 「な」, 「なれ」, 「まし」, 「いまし」, 「おれ」 등이 있으며 「きみ」도 빼놓을 수 없으나 명사와 분명한 경계선을 그을 수 없는 어려움이 있다. 「な」, 「なれ」의 차이는 「あ」, 「あれ」의 차이와 같으며 「いまし」, 「みまし」, 「まし」 등은 존경의 의미를 내포하고 있는데 경어동사 「坐(ま)す」와 관계가 있을 것으로 생각된다. 「おれ」는 산문 중에 보이며 뜻은 「まし」와 정반대이다.

山鳥のをろのはつをに鏡かけとなふべみこそなに(奈尒)奇そりけめ
(万・十三・3468)
親なしに汝(奈礼)生なりけめやさすための無き(日本書紀・歌謡)

제3인칭 대명사로는 「し」가 있으며 사람 이외에 사물도 가리키고 이것은 반드시 「が」를 동반한다. 주어가 되며 사물을 지시하는 「こ」, 「そ」 등과는 다른 점도 있지만 이것은 인칭대명사로 보는 것이 좋을 것 같다.

근 칭	こ	ここ	こち	これ
중 칭	そ	そこ		
	し			
원 칭	か			かれ

제3인칭 대명사의 기본적 형태는 「こ(근칭)」, 「そ(중칭)」, 「か(원칭)」이며 접미사 「れ」가 붙은 「これ」, 「それ」, 「かれ」가 있고 이들은 사물을 지칭하는데 사용된다. 「あ」, 「わ」가 조사 「が」를 동반하는 것에 대하여 「こ」, 「そ」, 「か」는 독립성이 강하며 연체격 조사 「の」를 동반하지

않는다. 이 중「か」,「かれ」의 용례가 적은 것을 보면 이 시대에는 그다지 많이 사용된 것 같지는 않다. 기본형에 접미어가 붙은 것으로는「ここ」,「そこ(장소)」,「こち」,「そち」,「かなた(방향)」이 있다. 부정칭 대명사의 확실한 예는 다음과 같다.

た	たれ		
なに	あに	など	なぞ
いかに	いかなる	いかばかり	
いく	いくら	いくだ	
いつ			
いづれ	いづく	いづら	いづへ/いづち

「か」의 용례는 2개 정도만 눈에 뜨일 정도로 그 용례는 극히 적다. 그 이유는 원칭지시어가 아직 발달하지 못한 상태라는 설이 우세하며「かく」,「かにかくに」,「かにもかくにも」등의 부사형도 보인다.

万葉集에는「なに」와 같은 대명사적 용법도 있으나 부정칭을 나타내는 예도 많이 나타난다.

2) 동사

동사의 활용형의 종류는 四段・上一段・上二段・下二段・力變・サ變・ナ變・ラ變 등 8종류가 있었다. 下一段活用 용례는「蹴る」단 한 낱말밖에 나타나지 않아 당시의 활용형으로 볼 수 있을 정도는 아니며 이 시대에는 이「蹴る」가 下二段 活用을 했을 것으로 보고 있다. 神代記의「蹴散」에 기록된 訓注에는「此云俱穢簸邏邏箇順(此をばクヱハラ

ラカスと云ふ)」의 「クヱ」는 연용형인 듯하다. 상대에는 上一段·上二段의 未然·連用·命令形의 구별이 있었다. 이 이외에도 동사의 활용이 후세와 다른 것이 많이 있지만 그 중에서도 한 동사가 四段活用과 下二段活用 등 두 가지 활용을 동시에 하는 동사가 지배적으로 많았다. 지금까지 연구된 연구 결과에 따르면 모든 下二段 活用 動詞 중 2가지 활용을 하는 동사는 3분의 1을 차지한다고 한다. 한 동사가 2가지 활용을 할 때에는 자동사와 타동사, 수동과 사역 등의 문법적 의미를 내포하게 된다.

乾·嚏의 의미인 「ひる」는 ハ행 上一段 活用을 하는 것이 아니고 ハ행 上二段 活用을 하는 것이다.

이러한 의미에서 보면 이 시대에는 동사의 활용이 9종류이었을 것으로 보고 있다.

활용형 \ 활용단	4단활용	상1단 활용	상2단 활용	하2단 활용	カ행 변격 활용	サ행 변격 활용	ナ행 변격 활용	ラ행 변격 활용
미연형	ア	イ甲	イ乙	エ乙	コ乙	セ	ナ	ラ
연용형	イ甲	イ甲	イ乙	エ乙	キ甲	シ	ニ	リ
종지형	ウ	イ甲ル	ウ	ウ	ク	ス	ヌ	リ
연체형	ウ	イ甲ル	ウル	ウル	スル	スル	ヌル	ル
이연형	イ乙	イ甲レ	ウレ	ウレ	クレ	スレ	ヌル	レ

명령형	エ甲	イ甲ヨ乙	イ乙ヨ乙	イ乙ヨ乙	コ乙	セ	ネ	レ

　　상 1단과 상 2단의 미연, 연용, 명령형은 중고의 문헌에는 그 구별이 보이지 않으나 상대에는 형태가 구별되어 있었다. 이 시대의 4단활용은 위의 표에서 보는 바와 같이 이연형과 명령형의 형태가 다르다.

　　　　かりがねも断ぎて来奈気ば(万・十五・3691)
　　　　山升公鳥一音も奈家(万・十五・4203)

　　또 ア행의 イ와 ヤ행의 エ의 형태가 달랐다.

　　　　得：安見兒衣たり(万・二・96) － ア행
　　　　見ゆ：心悲しく夢に美要つる(万・十五・3639)

　　이외에도 「隱る」, 「忘る」, 「解る」, 「帶びる」, 「紅葉つ」 등의 동사는 후세와 활용이 다르다. 「隱る」, 「忘る」 등도 여기에 속하지만 상대에는 한 동사가 두 가지 활용을, 다시 말해 주로 4단과 하 2단 활용을 동시에 하는 것이 지배적이다.

　　　　隱る：青山に日が迦久郎(かくら)婆(古事記・歌謡)
　　　　忘る：都の手振和周良(わすら)(万・五・880)
　　　　解る：磯に布理(ふり)海原渡る(万・十二・4328)

「生く」, 「浮く」, 「立つ」, 「(す)く」, 「退(そ)く」 등 100여개의 동사가 지금까지 연구되었는데 그 연구 결과에 의하면 모든 하 2단 활용 동사 중에 3분의 1을 차지한다고 한다. 한 동사가 2가지 활용을 하는데에는 자동사와 타동사, 수동과 사역 등의 문법적 의미를 내포하게 된다.

乾・嚔의 의미인 「ひる」는 ハ행 상 2단 활용을 한 것이 아니고 ハ행 2단 활용을 하였으며 위에서도 언급한바 있지만 「隱る」, 「忘る」, 「解る」 등은 ラ행 4단 활용과 ラ행 하 2단 활용의 두 가지 형태를 겸비하였다. 「帶びる」, 「紅葉つ」 등은 4단 활용을 하였다.

4단 활용의 已然形 어미와 명령형 어미는 平安時代 이후는 같은 형태로 변화하게 되는데 이 시대에는 カ行, ハ行, エ行에 한하여 구별되며 已然形은 「け・へ・め」의 각 을류, 명령형은 「け・へ・め」의 각 갑류가 된다.

완료의 조동사 「リ」는 활용형의 용법상 已然形에 붙는다는 설도 있으나 4단 활용의 已然形은 을류이고 명령형은 갑류이기 때문에 カ行, ハ行, マ行의 명령형에 붙는다는 견해가 타당하다고 본다. 연용형에 「アリ」가 붙는 형태가 변화하여 ケリ, セリ가 되었다.

명령형은 4단 활용이외에도 「크」를 붙이지 않는 것이 상당수 나타나는데 현재 関東지방과 九州지방 사투리에 명령형에 「口」를 붙이는 흔적이 남아있고 東歌와 防人歌에도 그 흔적이 남아있다.

완료의 조동사 「り」는 활용형의 용법상 이연형에 붙는다는 설도 있는데 4단 활용의 이연형은 을류이고 명령형은 갑류이기 때문에 カ행, ハ행, マ행의 명령형에 붙는다는 견해가 있다. 필자는 이 견해가 타당하다고 본다. 「行きあり」, 「しあり」에 「あり」가 붙어서 생겨났으며 이들은 후에 「行けり」, 「せり」가 되었다.

4단 활용의 미연형에는 상당에 활발하게 사용된 어법으로 접미사「ク」가 있는데 활용어를 체언화시켜「～すること」의 의미를 나타낸다.

> 念ふそら安くあらねば奈気可久(嘆かく)を止めもかねて(万・十七・4008)

위 예문에 보이는 것과 같이 현대어에「曰」,「恐」,「思」등의 말투가 사용되는 것은 이 시대의 어법이 화석화된 형태로 사용된 것이다. 이 시대에는 4단 활용 이외의 활용에는 미연형에「らく」가 붙는 용법도 있었다.

> 潮満てば入りぬる磯の草なれや見良久(見らく)少なく恋良久(恋ふらく)の多き(万・七・1394)

위의「らく」에 대하여 安藤正次는「あり」에서 나온 것으로 보고 있으며 佐伯梅友는「見らく」,「恋ふらく」가 일찍부터 4단 활용을 한 까닭에 미연형「見ら」,「恋ふら」에「く」가 붙은 것이라고 한다. 이 두 가지 학설에 대하여 大野晋는「こと」의 의미를 가진 체언적 접미사에「あく」라는 형태가 있는데 大野는 이것이 연체형과 결합하여「見る＝あく」가 되었고 이것이 다시 변화하여「見らく」가 되었다고 한다.

3)   형용사

형용사에는 ク・シク활용 두 가지가 있다. 已然形「ケリ」,「シケレ」

를 사용한 용례는 적으며 「コソ」에 대응하는 연결사(係り結び)를 사용한 용례는 없고 「コソ」에는 연체형으로 끝맺고 있다.

활용형 ＼ 활용종류	ク활용	シク활용
미연형	ケ甲	シケ甲
영용형	ク	シク
종지형	シ	シ
연체형	キ甲	シキ甲
이연형	ケ甲	シケ甲
명령형	ケ甲レ	シケ甲レ

중고시대에는 접속조사 「バ」, 「ド」, 「ドモ」의 연결에 「ケレ」, 「シケレ」를 사용하였는데 이 시대의 형용사의 변화형은 平安時代와 같이 「こそ」에 대한 연결사(係り結び)로 문말을 이연형으로 끝맺는 예는 없었고 「こそ」에 대응되는 형태는 아직 연체형으로 「けれ」, 「しけれ」의 문말 표현 형식은 나타나지 않았다.

　　難波人葦 火焚く屋の煤してあれど己が妻こそ常めづらしき。(万・十五・2651)

중고에는 접속조는사 「ば」, 「ど」, 「ども」와 연결하는데 「ケレ」, 「シケレ」를 사용했는데 이 시대에는 「ケ」, 「シケ」의 용례를 사용한 형태가 많으며 미연형으로 쓰였다.

　　山立ち干順家(薄け)ど……(日本書紀・歌謡)

山来へなりて等保家(遠け)……(万・十七・3455)

古非思家婆(恋しけば)来ませ我が背子かきつやぎ末摘み枯れし我立ち待たむ(万・十七・3455)

이러한 점에서 볼 때 已然形은 아직 발달하지 않았던 것 같다. ク활용의 어산을 체언에 연결한 형태로「青山」,「赤玉」등의 낱말도 사용되었고, シク활용의 어산과 연결한 낱말「賢し女」,「麗し女」,「みつみつし久米のうら」등은 상대의 특징이라고 할 수 있다. 형용사의 어간이 조사를 동반하여 체언을 수식하고 또 직접 용언을 수식하는 용법도 있었으며 형용사의 어간이 단독으로 쓰이는 용법은 후세보다 자유스러웠다.

帰り来て咳(しは)ぶれ都具礼招く由のそこになれば(万・十七・4011)

吾嫋に恋ふるの吾はたまきはる短き命も手之家久(けく)惜もなし(万・十八・4904)

伊多(いた)泣かば人知りぬべし(記下)

이 이외의 형용사의 용법으로는 상대에 특징적인 것으로 어간이「ミ」를 동반하여 주로「체언+ヲ」의 다음에 사용되는 경우가 많다. 이들은 이유・근거 등의 의미를 나타내며 이것은 이미 정해진 가정에 대한 조건을 나타내는 것이 일반적이다.

心には千重に百重に思へれど人目を多見(多み)妹に逢はぬかも(万・十七・2910)

人言を繁美(繁み)許志痛美(言通み)己が世に未だ渡らぬ朝川渡る(万・十七・116)

그러나 「ミ」는 「もち月の目頰染(めづらしみ)おもほしし君と時々幸して遊び給ひし(万・十七・116)」와 같이 동일한 형태가 연용수식어로 사용되는 경우도 있었으며 「を」를 생략한 것, 명사화한 것, 동사와 경계선이 불분명한 것 등이 있다. 또한 이 시대에도 형용사의 연용현에 「アリ」가 결합하여 「ーカリ」로 변화하는 현상이 있었으나 사용한 용례는 극히 적다.

4) 형용동사

「ーに」형태의 부사에 동사 「あり」가 결합하여 나타난 것으로 소위 ナリ활용의 형용동사이다. 이러한 형태는 「面白かり」, 「静かなり」, 「當當たり」와 같이 하나의 독립된 낱말로 간주하여 「형용동사」라고 이름 붙이고 용언의 일종으로 분류했다. 이들은 그 활용 형태가 동사에 가깝고 변격활용에 준하는 낱말인데 이들의 의미는 사물의 상태와 형태를 나타내는 것들이 많다. 이런 점 때문에 형용사와 동사의 중간적인 성격을 가진 품사로 분류되고 있다. 이 형태는 형용사의 연용형 또는 「ト」, 「ニ」로 끝나는 부사에 「アリ」가 붙어서 축약된 것으로 이 형태에 대한 학설은 다양하다.

伊可奈流(如何なる)夫なか吾がり来むといふ(万・十七・3536)
奈良は古悲之可利(恋しかり)ける(万・十七・4461)

위의 예문의 용례는 빈도수로 보아 아직 널리 쓰이지 않은 것 같으며 「如何にある」의 형태가 널리 사용되었던 것 같다.

5)　조동사

　상대의 특장적인 조동사로는 「ゆ」, 「らゆ」, 정의 추측을 나타내는 「ま
じい」, 경의를 나타내는 「す(4단 활용)」, 「ふ」가 있다. 미연형에 붙은
「る」, 「らゆ」는 「る」, 「らる」와 함께 사용되어 수동 자발 가능의 의미
를 나타내며 「る」, 「らる」보다 오래된 형태이다.

> 瓜食めば子ども意母保由(思ほゆ)栗食めばまして栗農波由(思はゆ)
> (万・五・880)
> ひな曇り碓氷の坂を越えしだに妹が恋しく和周良延(忘れえ)ぬかも
> (万・二十・880)

　이 시대에는 동사 「る」를 사용한 예는 나타나고 있으나 「らゆ」의 예
는 보이지 않는다. 「思ほゆ」는 「思はゆ」에서 변화한 것이고 「聞こゆ」,
「思ほゆ」, 「あらゆる」, 「いわゆる」 등은 조동사 「ゆ」, 「らゆ」의 흔적
으로 보이며 「見ゆ」 「射ゆ」 등도 이 조동사와의 관계가 있을 것으로
추측된다.
　사역의 의미를 나타내는 조동사는 「しむ」뿐이었고 존경을 나타내는
조동사에는 「す」가 있었는데 4단 활용을 하였다. 중고시대로 내려가면
사역에서 전성되어 下二段 活用을 하게 된다.

> あしひきの山行きしかば山人の我に得志米(しめ)しれつとぞこれ
> (万・二十・4203)
> 息の緒に嘆か順(す)子ら(万・十八・4125)

부정의 추측을 나타내는 「ましじ」는 형용사와 같은 활용을 하고 終止・連体 양형의 용례가 보일 뿐이며 중고에는 「まじ」로 변화하게 된다.

현실에 반대되는 사실을 가정하여 추측의 의미를 나타내는 「まし」도 있었는데 별다른 특색은 없다. 「らし」는 「こそ」에 대한 연결사(係り結び)로서 「らしき」로 끝맺음을 하며 중고시대에는 불변화 조동사로서 연체형도 「らしき」로 변화하게 되었다. 중고시대에는 불변화의 조동사로 연체형도 「らし」로 변화하게 되었다.

古へも然にあれこそうつせみも妻を争ふ良思吉(万・一・13)

상대의 특징적인 조동사로 계속・반복의 의미를 나타내는 「ふ」가 있는데 4단 활용을 하며 4단 동사의 미연형에 결합한다. 부정의 조동사 「けり」, 「けむ」가 붙는 경우 「ず」에 직접 접합하며 「ざり」라는 형태를 취하지 않는 것이 중고와 다른 점이다.

완료의 「り」는 원래 4단 활용과 サ행 변격활용의 연용형에 「あり」가 결합한 것이기 때문에 ラ행 변격활용과 동일한 활용을 한다.

전문의 「なり」는 종지형에 결합하는 것이 원칙이며 중고시대에는 ラ행 변격활용에 한정하여 연체형과 결합하는데 상대시대에는 ラ행 변격활용에 결합한다.

이 이외 완료의 「つ・ぬ・たり・り」, 지정의 「なり」, 추측의 「ごとし」, 추측을 나타내는 「べし・けむ・らむ・む・まし」 및 「じ」가 있다.

6)　조사

상대의 조사에 대한 분류는 山田孝雄의 연구가 있는데 격조사, 부조사, 접속조사, 계조사, 종조사, 간투조사 등 5종류가 있다. 다음은 山田孝雄 학설에 따른 분류이다.

> 격조사 : の・が・つ・な・い・を・に・へ・と・より・よ・ゆり・ゆ・
> 　　　　 から
> 부조사 : だに・すら・さへ・まで・のみ・ばかり・し
> 접속조사 : ば・と・とも・ど・ども・を・に
> 계조사 : は・も・そ・なむ(なむ)・こそ・や・かな
> 종조사 : が・な・ね・に
> 간투조사 : や・を・よ・ろ・い・ゑ・ら・な

상대의 특수한 조사로는 후세에 그 자취를 찾아볼 수 없는 「い」가 있는데 상대의 일본 문헌에는 거의 나타나지 않는다. 이 「い」는 주격을 나타내며 고대 한국어의 주격 조사이다.

> わが背子が跡ふみ求め追ひ行かば紀の関守伊(い)とどめてむかも
> (万・四・545)

특히 이 시대의 특징적인 것으로는 격조사 「つ」, 「な」가 있는데 「つ」는 원칭・위 아래 등 상대적인 관계를 나타내는 낱말이 앞에 오고 현재 「の」의 용법과 의미가 비슷하며 「な」도 이와 같은 맥락에서 생각할 수 있다. 이와 같은 것들은 숙어 속에 고정되어 있어 그 흔적을 찾아볼 수 있고 그 용례는 「目つげ」, 「家つ子」 등에 남아 있다.

「な」도 「の」와 비슷한 의미를 나타내며 「まなこ」, 「まなじり」, 「たなごころ」 등에 화석화된 형태로 남아있다.

天つ嶺巾(御門・水)
沖つ波, 国つ波, 奥つ城, 庭つ鳥
げだもの(毛だもの), くだもの(果だもの)
手な末, 手な底, 目な交(まなかひ), 浪な音(と)

이와 같은 것은 숙어 속에 화석화되어 그 흔적을 찾아 볼 수 있는 것들이 있다. 그 예를 들어보면 다음과 같다.

まつげ(目つげ), やつこ(家つ子), をとつひ(一昨日)

「な」도 「の」와 비슷한 의미를 나타내며 숙어 속에 화석화되어 고정되어 남아있다.

目(眼な子), まなじり(眼な尻), たなごころ(手なごころ), 源(水なもと)

이 시대에는 조사 「より」와 함께 「よ」, 「ゆ」, 「ゆり」가 사용되었는데 「ゆ」, 「ゆり」가 보다 오래된 형태로 알려져 있다.

계조사 「なむ」는 이 시대에는 「なも」의 형태로 쓰여졌는데 「万葉集」에는 「なも」의 용례가 나타나지 않으며 이 용례는 東歌 등에 보인다.

이 종조사는 용언이 미연형에 연결되며 바람의 의미를 나타낸다. 이 이
외도 「もが」, 「しか」, 「てしか」, 「な」, 「ね」 등의 종조사가 있으며 「ゑ」,
「ろ」, 「い」, 「な」 등의 간투조사도 사용되었다.

7) 경어

존경의 의미를 나타내는 경어로 「ます」, 「います」, 「たます」, 「をす」
가 있다. 이들은 다른 동사와 결합하여 조동사와 동일시하게 되었다.

> 王は千歳に麻佐む白雲も三船の山に絶ゆる日あらめや(万・三・243)
> うち羽ぶき鶏は鳴くともかくばかり降りして雲に君麻佐米(いまさめ)
> (万・十九・4233)
> 我が主のみ王多麻比(たまひ)て春さらば奈良の都にめさげたまはな
> (万・四・882)
> …すめろきの手順()国ならばみ言持ち立ち分れなば…(万・十七・
> 4006)

경의를 나타내는 동사에는 「す」가 있으며 サ행 4단 활용의 동사와 동
일한 활용을 한다. 이 「す」, 「為(す)」, 「着る」, 「見る」 등 어간이 한 음절
인 동사에 연결되면 「せす」, 「めす」, 「けす」로 변한다.

> わが背子が蓋世琉(けせる)衣の針目落ちず入りにけらしもわが心さへ
> (万・四・514)

겸손의 의미를 나타내는 동사로「まかる」,「まつる」,「まる」,「まを
す」,「たまふ」에서 전성된「たまはる」등이 있다. 이 중에「申す」,「ま
つる」는 동사에 결합하여 조동사와 동일하게 사용되기도 한다.

5. 어휘

상대어를 연구할 수 있는 자료로는『万葉集』이 있다. 여기에는 약 7
천 8백여 어휘가 수록되어 있다. 그러나『万葉集』는 상대의 구어나 散
文語를 알 수 있는 자료로는 부적당하다.「うま」,「うめ」는 한자의 字音
에서 나왔고「寺」은 고대 한국어에서 온 것이다.『万葉集』에는「うま」,
「うめ」가 다른 외국어에 비해 꽤 자유롭게 사용된 것으로 보아 이 시대
에 이미 보편화되었고 외래어라는 인식이 거의 없었던 것 같다. 이러한
영향은 王仁博士에 의하여 傳敎된 한자전래에 의한 것으로 보이며 한어
와 한자가 일본에 끼친 영향은 지대하게 크다고 말할 있다.

백제의 왕인에 의하여 한자와 한문이 일본의 지배계층에 교수되는 것
과 함께 한역사전이 專修됨에 따라 고도의 문화로 한 한어가 유입되고
官吏登用試驗에 한자와 한문이 사용되었다.『万葉集』에 나타나는 예를
들어보면 다음과 같다.

> 大和恋ひ寐の寝らえぬ情なく此の渚の岐に多津鳴くべし(万・一・71)
> 昨夜こそは兒ろとさ寝しか夢の上ゆ鳴き行く多豆のま遠く思ほゆ
> (万・十四・ 3522)

위의 예문에서 보는 것과 마찬가지로 「たづ」 등의 형태로 나타나고 있다.

한편, 완료의 조동사가 연체형의 형태로 나타나고 있다. 그 예는 다음과 같다.

山の辺に御井を見がりて神風の伊勢処女とも相見鶴鴨(万・一・81)
白檀裏太の細江の菅鳥の妹に恋ふれかいを寝金鶴(万・十二・3092)

「鶴」라는 글자는 훈가나로 「ツル」라는 훈이 존재했음을 알 수 있고 상대에는 새를 나타내는 낱말이 「ツル」, 「タヅ」의 두 형태가 있었다. 가요에는 「タヅ」라는 낱말만 사용된 것으로 보이고 「カワヅ」와 「カエル」의 대립도 있었던 것 같다. 『万葉集』에 수록된 낱말들을 분석해 보면 「キミ」와 「イマシ」의 의미는 여성이 남성에게 사용하는 말이었다는 사실을 알 수 있고 「な」는 남성이 여성에게 사용하는 낱말이었다. 대명사 이외의 동사경어로는 「ます」가 있는데 이것은 여성이 남성에게 사용하는 말이었다.

「塔」 등과 같은 佛敎語 이외에도 『万葉集』에는 외래어가 수록되어 있는데 대부분 16권에 수록되어 있다. 薧弧(ハコヤ) 五位(ゴイ) 布施(フセ) 등은 일본의 固有語와 복합한 낱말의 用例이다.

어구성법은 파생론적 측면에서 보면 「い」, 「か」, 「さ」, 「み」, 「ま」 등의 접두사, 복수의 뜻을 가진 「たち」, 「ども」, 「ら」, 「ち」, 「つ」, 「り」, 「か」 등의 조수사, 체언화를 시키는 「さ」, 「やか」, 「ら」, 동사화를 시키는 「さぶ」, 「なふ」, 「はふ」, 「ぶ」, 「む」, 「めく」 등의 접미사, 「明らか」와 「明らけし」, 「あさむ」와 「あさまし」 등의 품사교체 현상 등이 있다.

일본어의 역사

제3장

중고

　중고 또는 平安時代라 함은 平安遷都에서 鎌倉成立까지를 말한다. 좀 더 세분하여 平安時代의 언어를 역사적으로 분류하면 초기, 중기, 후기, 말기 등 4기로 나누어 말할 수 있다. 平安遷都로 인하여 고대 언어의 질서에도 변화가 일어나기 시작했고 특히 上代特殊仮名遣의 붕괴, 히라가나, 가타가나의 성립 등 상대어와 구별할 수 있는 새로운 언어질서체계가 나타났다.

　平安初期 약 100년간은 이 시대의 언어를 관찰할 수 있는 자료가 거의 없는 시기이기는 하나 한문을 독해하기 위하여 행과 행 사이 또는 자획에 가나와 부호를 써넣은 訓点本이 나타났다. 중기에는 『古今和歌集』,『土左日記』 그리고 약 100년 후에는 源氏物語, 枕草子 등이 나타나 중고문학의 정점에 이르게 되었다.

　소위 문어문법은 平安中期의 문학작품에 쓰인 언어현상을 체계화시킨 것을 말한다. 11세기 초에서 鎌倉幕府 성립까지를 平安後期라고 말하며 『源氏物語』의 영향을 받은 『栄花物語』,『狭衣物語』이 있다. 또 이 당시 『小古記』,『御堂関白記』에 이어 변체 한문을 사용한 일기가 쓰였다.

院政期 즉 平安末期는 일본이 고대사회에서 중세사회로 변하는 시기이다. 언어상으로는 중세적 현상이 서서히 나타나는 시기여서 어떤 학자는 이 시대를 鎌倉·室町와 함께 중세로 보는 견해도 있다. 『今昔物語集』가 출현하여 和漢混合文体가 나타나기 시작하고 서민이 사용하는 속어가 문헌에 등장한다. 이와 같이 平安時代 약 400년 간 일본어의 근간이 형성되었다고 해도 과언이 아니다. 물론 平安時代와 비교하면 언어 자료의 양과 질적인 면에서 비약적으로 풍부해진 것은 사실이지만 정밀하게 사실관계를 추적해 내려면 자료의 부족을 실감하게 된다.

예를 들어 『万葉集』에 수록된 말과 『古今和歌集』에 기록된 말을 비교하면 언어의 차이가 놀라울 정도로 큰 것을 알 수 있다. 이렇게 큰 언어의 차이점을 그저 한 시대의 차이로 단정하여 설명하기에는 여러 가지 어려운 장벽이 있다. 또 平安時代의 訓点本이 출현했어도 결코 연속적이지 않아서 연구의 어려움이 있다. 이와 같은 언어사의 어려움이 도처에 도사리고 있는 것을 감안하면서 이 시대의 언어구조를 알아보도록 하자.

1. 문자

이 시대에 쓰인 문자는 한자, 草가나, 히라가나, 가타가나 4가지이다. 万葉仮名는 平安時代에 들어오면 한자와 한문을 병용하는 등 지극히 제한된 경우에만 사용되었고 草仮名, 平仮名, カタカナ 등의 문자가 자연발생적으로 나타나게 되었다.

草仮名는 万葉仮名를 연서하는 과정에서 나타나는 흘림체로 초서체

에 가깝다. 이 草仮名는 시대가 흘러감에 따라 원래의 한자형태와는 상당히 다른 글자 형태가 되는데 이것이 平仮名이다. 이 시대는 平仮名를 「女手」, 「かんな」, 「かな」라 불렀고 한자를 「男手」라 불렀다.

カタカナ는 万葉仮名의 한자획의 일부를 떼어서 사용하던 것이 굳어져 생겨난 문자이며 片는 불안전이란 의미이다.

万葉仮名는 草仮名와 平仮名 그리고 カタカナ도 생산해 내었을 뿐만 아니라 이 시대에도 의연하게 사용되었다.

神楽歌, 催馬楽 등은 万葉仮名로 쓰였으며 宇津保物, 国讓에는 和歌 등을 万葉仮名로 표기했다.

이와는 달리 菅原道真의 『新撰万葉集』는 『万葉集』를 모방하였는데에도 「葬処無」, 「築々砥」, 「万葉集」 등에는 나오지 않는 용례들이 나타나고 있다. 또 辞典・音義類 등에는 万葉仮名로 훈을 단 것이 눈에 많이 띈다. 音義書에는 『一字頂輪王儀帆音義(空海)』, 『大盤若經音義(信行)』, 『金光明最勝王經音義』 등이 있으며 辞典類에는 『新撰字鏡(昌住)』, 『倭名類聚鈔(源順)』, 『本草和名(深根輔仁)』 등이 있다.

이들 사전류 등에 나타나는 특징 중의 하나는 原選本系의 『類聚名義抄』에는 原典万葉仮名로 기록되어 있는 경우에는 万葉仮名를 그대로 사용하고 있는데 改編本系에는 모두 カタカナ로 기록되어 있다.

1) 草仮名

万葉仮名가 平仮名로 변화해 가는 중간 단계의 문자이다. 草仮名로 쓰인 것은 「自家集切」, 「秋萩帖」 등이 있으며 초기의 것으로 「讚岐國司解」의 권두에 있는 「藤原有年申文」 円珍의 「病中上伸案文」이 있다. 草

仮名와 ひらがな가 병존하여 사용된 시기에는 확실하게 구별하여 사용된 것 같다. 藤原伊之의 「夜鶴庭訓抄」에도 「悠紀の歌をば, 主記の方は さうに書く。秘説也」라고 기록되어 있는데 「かんな」는 히라가나를 말하는 것이며 「さう」는 草仮名를 말하는 것이다. 이 草仮名는 더욱 간략화 되어서 한자의 형태는 알아볼 수 없을 정도로 쇠퇴되었다.

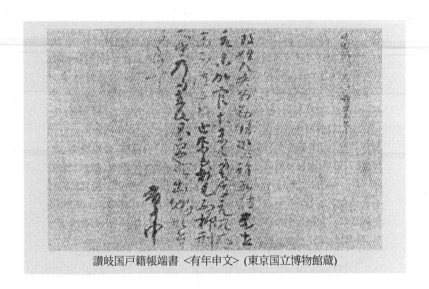

讚岐国戸籍帳端書 <有年申文> (東京国立博物館蔵)

2) 平仮名

「女手」라고 칭한 것을 보면 여성 전용 문자였을 것으로 추정된다. 이 글자의 전단계 글자인 草仮名로 쓰인 문헌들로는 「有年甲文」과 円珍 「案文」이 있다. 그리고 이러한 문헌은 모두 남성에 의하여 저작된 것을 보면 이 문자가 연성전용문자였다는 주장은 다소 의문이 간다. 이러한 주장은 아마도 남성은 平仮名을 비롯하여 한자와 한문도 사용하였는데

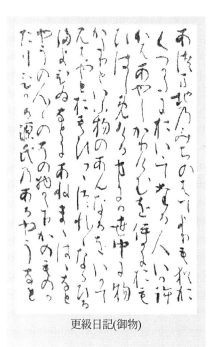

更級日記(御物)

여성은 한자와 한문을 배우지 못하였기 때문에 「女手」라고 했을 것이다.

紀貫之의 『土佐日記』에 의하면 당시 남성들은 일기를 변체 한문으로 쓴 사실을 알 수 있고 平仮名는 여성만이 사용했던 문자는 아닌 것 같다. 11세기에 저술된 『古今和歌集』에 수록된 勅撰集의 서문도 平仮名인 것을 보면 이전에 경시받고 있던 平仮名가 당대에 일반화되기 시작했던 것 같다.

3) カタカナ

平安時代 초기에 화엄종, 법상종, 삼론종 등에 속하는 승려들이 불전을 읽을 때 한문훈독용의 글자로 吐를 달아 사용하던 것에서 비롯되었다. 일본의 江戸時代 발간된 문헌에는 平仮名와 カタカナ는 백제의 왕인박사에 의하여 만들어졌다는 기록도 있다.

한문을 훈독하는 방법으로는 구점, 반점(返り点), 방점, ヲコト점 등을 사용하였는데 글자가 없는 행과 행 사이에 획이 많은 万葉仮名를 사용하면 시간도 걸리고 칸도 좁아 한자의 획 일부를 떼어서 사용한 것이 유래가 되어 カタカナ로 발전하게 되었다. カタカナ는 カタカナ宣命体

로 시용되는 예가 많은데 그 대표적인 것으로는 『今昔物語集』가 유명하다.

또 한자를 사용하지 않은 것으로는 『醍醐五重塔片仮名戱書(951)』이 있다.

宣命体는 상대에도 사용되었는데 자립어는 큰 한자로 쓰고 부속어와 활용어미류는 소문자의 万葉仮名로 한자의 오른 쪽 밑에 덧붙이거나 두 줄로 썼다. 이런한 기법은 平安時代까지 잔존했었는데 군데군데 平仮名로 쓴 부분도 있다.

2. 문체

이 시대에 쓰인 글에는 用字·用言 등의 기본적인 특징을 종합한 광범의한 의미의 문체로 한자, 변체한문 宣命体, 平仮名, カタカナ宣命体(한자와 カタカナ혼합문), 宣命体를 들 수 있다.

1) 한문·한문 훈독체

고대 한국인에 의하여 한자 한문이 교수된 뒤, 平安前期까지는 음독의 형태로 講習되었으나 훈독법이 점차로 세력을 얻어 후반기에는 훈독을 하는 것이 일반화되었다. 한문 훈독체는 원문을 토대로 토를 달아 번역한 문체를 말한다. 이런 방법으로 한자에 가나와 부호를 달아서 읽는 방법은 奈良 말기 또는 平安時代 초기에 나타나기 시작하는데 한문에 훈점이 달린 자료가 상당수 전해 내려오고 있다. 『金光明最勝王經音

義』는 平安 初期 작품으로 훈점이 찍혀 있다.

한문의 훈독은 언제부터 시작되었는지 정확히 알 수 없으나 상대에도 훈독을 하였을 것으로 추정된다. 초기의 훈독은 비교적 일정한 형식이 없이 쓰였다. 그러나 10세기 무렵부터 훈점의 형식과 사용어휘가 점차적으로 일정하게 한정된 범위에 국한되어 한문 훈독체는 일종의 문장어의 성격을 띠게 되었다. 한문을 훈독하는 법이 생겨난 것은 한문의 해석이 어려워 한문의 원의대로 표기자의 의도를 이해할 수 없었기 때문이며 이러한 훈독법이 생겨나면서 한문을 일정한 일본어로 읽을 수 있게 되었고 표현자가 의도한 의미내용을 정확하게 파악할 수 있게 되었다.

2) 변체 한문

변체 한문은 한문의 일정한 형식을 지키면서 경어와 일본어를 적당히 사용하여 일본어의 표현 형식으로 바꾼 실용적 문장의 총칭이라고 할 수 있다.

한문을 읽는 방법은 『宇津保物語』의 예문을 보면 훈독 이외에 음독도 했던 것을 알 수 있다. 변체 한문은 万葉仮名, 平仮名 カタカナ가 섞여서 사용되었으며 아떼지(宛字)도 있고 한문과 어순이 다른 형식도 있었다. 御堂關白記에는「不参者 非可招吾番口惜思食」와 같은 예문이 있는데 여기에는 借音字(口惜)가 사용되고 있으며「⋯樂府下卷持來」의 예문과 같이 순수한 한문체 문장에 목적어와 동사가 뒤 바뀐 어순을 사용한 문장도 발견된다. 이것은 한문의 문법적 형식과는 완전히 다르게 목적어와 동사가 뒤바뀐 것이며 한문의 문법형식에 없는「由」와「給」을 사용한 용례도 있다.

停止五月節之由 仰外記　又可祈(眞信公記)

上皇遊狩比野給(九)曆記

위의 이러한 문체를 和化漢文(일본어화 된 한문)이라고 부르며 이 문체는 解文, 기록, 일기, 편지 등에 주로 사용되었고 주로 남성들이 사용하였다. 당시에는 이러한 실용문 이외에도 설화집이나 軍記物에 속하는 『陸奧話記』, 『將門記』 등에도 사용되었다.

3)　カタカナ宣命体 · 宣命体

漢文訓讀調가 강한 문체에 주로 나타나며 대표적인 것으로는 『東大寺諷誦文稿(?850)』가 있다. 이런한 문체는 한문을 훈독할 때 옆에 吐를 다는 것에서 유래한 것이다. カタカナ宣命体 · 宣命体 표기법은 『今昔物語』, 『打聞集』에도 나타나있다.

4)　宣命体

宣命는 선독하는 칙명이라는 뜻으로 천황(일본의 왕)의 칙서이다. 이 문서의 구문법은 토착어의 표음적인 표기법과 다르며 정중하고 위엄있는 문체로 사용된다. 万葉仮名와 平仮名가 섞인 宣命体와 カタカナ宣命体는 조사, 조동사를 사용하여 구문법이 다른 한문에서는 표현할 수 없는 부분을 자세하게 표현할 수 있는 표현형식으로 변체한문보다 한 걸음 앞선 것이다. 이 문체는 원래 宣命体에만 쓰였는데 어느 시점부터인가 기록이나 문서류에도 사용하게 되었다.

5) 和文

　平仮名로 표기된 이 시대의 구어문이며 주로 여성 혹은 여성을 상대로 하는 일기, 物語, 서신, 산문 등에 주로 쓰였다. 和歌는 수식상 제약이 있어 산문과는 다른 점이 있으나 이 시대의 구어문과 공통점이 많으므로 산문의 범주에 속한다고 볼 수 있다. 운율과 뉘앙스에 제약이 많은 和歌는 일자 일음의 万葉仮名로 표기되었는데 이것이 平安時代에는 소가나(草仮名)로 변화하고 이것이 다시 平仮名로 변화하였다. 이것은 한문이나 변체한문을 읽지 못하는 사람들에게 널리 퍼졌다.

　仮名로 쓰인 최고의 物語는『竹取物語』를 들 수 있다.『土佐日記』의 문체는 한문과 변체 한문의 문장구성을 하고 있으며 한문 훈독 특유의 용어가 상당 수 포함되어 있다.

3. 중앙어와 지방어

　이 시대의 문화는 모두 京都의 官, 귀족을 중심으로 발달하였으며 지방과 중앙의 문화차이는 상당히 컸다. 당시 京都語가 중앙어로 사용되었으며 이러한 현상은 근세까지 계속되었는데 京都語는 이 시대에 가장 번창하였다.

　東国方言은 전대에도 서부지역과 상당한 차이를 나타내고 있었는데『東大寺諷誦文稿』에「此當国方言, 毛人方言, 飛弾方言, 東国方言」라는 문장이 있는 것을 보면 이 시대에도 비슷한 양상을 띠고 있었던 것 같다. 拾遺集物人名의 기록에「あづまにて養わたるの子は舌だみ(細

螺)てこそものは言ひけれ(拾遺集物人名)」라고 되어있는 것을 보면 당시 京都 사람들은 東國方言에 대하여 깔보는 표현을 하고 있으며 肥後의 武士大夫의 監의 기록에 「ことばどいとだみたるける」라고 말하고 있는 것만 보더라도 九州地方의 言語와 中央의 言語는 큰 차이가 있었던 것 같다.

『源氏物語』의 「東玉」에 「若うより、さるあづまの方のはるかなる世界にうづもれて年へければにや、声などほどほどうちゆがみぬべく、ものうちいふ、すこしだみたるやうにて」라고 쓰여 있는 것을 보면 역시 각 지방의 사투리에 대하여 조소하고 있는 것을 알 수 있다. 이러한 문헌들에서 지방어의 존재는 알 수 있으나 그 지방어의 내용이 어떠한 것이었는지 자세한 내용을 알아내기는 어렵다.

같은 지방어라고 해도 히라가나로 쓰인 문헌과 가타카나로 쓰인 문헌은 성격상 여러 차이가 있어서 같은 언어라 해도 성질이 다른 것들도 있다.

우선 和歌의 용어를 보면 전 시대의 용어가 그대로 쓰였다. 이 시대의 和歌는 당시의 언어를 기반으로 하면서도 회화체 언어와 다른 틀을 만들어 사용하였고 이것이 점차적으로 고정되어 갔다.

이 시대에 발생된 음운변이현상(音便)과 한자어는 和歌에는 사용되지 않았다. 일기와 物語에 사용되는 문자는 히라가나였고 대체로 여성중심의 언어가 주류를 이루었다. 土佐日記와 和歌, 物語에 남성 언어가 보이지 않고 다양한 문법현상이 나타나지 않는 것도 이런 이유 때문이다.

훈점자료에 나타나는 낱말들은 한자들의 강의 언어이면서 전 시대에 고정된 말투가 섞여 있는 등 특수성을 가지고 있는데 이것은 남성의 회화체 언어로 당시의 여성어와 차이점을 보여주는 자료이기도 하다.

4. 음운

1) 모음

上代特集仮名遣의 갑·을류의 구별은 奈良時代 末期부터 혼돈되기 시작하여 平安時代에 들어오면 ユ를 제외한 キ, ミ, ケ, ヘ, メ, コ, ソ, ト, ノ(モ), ヨロ와 탁음 ギ, ビ, ゲ, ベ, ゴ, ゾ, ド 음절의 구별이 없어졌다. 이것은 중설모음과 같은 애매한 변모음이 없어지고 단순모음으로 통일되었기 때문일 것이다.

奈良時代에는 a, i, ï, u, e, ĕ, o, ö 등 8개의 모음이 존재했었는데 平安時代에 들어와서 a, i, u, e, o 다섯 개 모음으로 줄어들었다. ユ의 갑·을류의 차이 다시 말해 ア행의 ユ와 ヤ행의 [je]의 구별은 947~957년 이후 [je]로 통일되었다.

그 결과 ユ, キ, ケ, コ, ソ, ト 등 청음 14개와 탁음 7개, 합계 21개의 음절이 없어져서 총 음절수는 67개로 되었다. 「いろは歌」의 청음 47개가 이 시대의 음을 대표하고 있으며 オ와 ヲ의 구별은 있었으나 이 시대 말기가 되면 [wo]로 통합되게 된다.

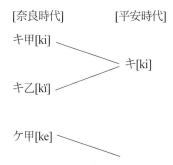

[奈良時代]　　　[平安時代]

キ甲[ki]

　　　　　　　　　キ[ki]

キ乙[kï]

ケ甲[ke]

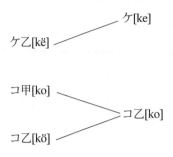

ケ乙[kë] ———— ケ[ke]

コ甲[ko]
　　　　　　コ乙[ko]
コ乙[kö]

　　갑류와 을류의 발음이 없어지는 와중에도 당시의 음절수를 세어보면
청음 47개와 탁음 20개가 사용되었고 ア행의 衣(エ)와 ヤ행의 江(エ)는
서로 구별되어 사용되었다. 9세기 후반부터 10세기 초반까지의 음절수
를 표로 나타내보면 다음과 같다.

ワ	ラ	ヤ	マ	ハ	ナ	タ	サ	カ	ア
ヰ	リ	○	ミ	ヒ	ニ	チ	シ	キ	イ
○	ル	ユ	ム	フ	ヌ	ツ	ス	ク	ウ
ヱ	江	メ	ヘ	ヘ	ネ	テ	セ	ケ	衣
ヲ	ヨ	モ	モ	ホ	ノ	ト	ソ	コ	オ

バ	ダ	ザ	ガ
ビ	ヂ	ジ	ギ
ブ	ヅ	ズ	グ
ベ	デ	ゼ	ゲ
ボ	ド	ゾ	ゴ

① あめつちの詞
　　이 시대의 음절조직을 나타내고 있으며 すゑ(末)와 えのえを(榎の枝
を) [e]와 [je]의 차이를 말해주고 있다.

　　あめ(天) つち(地) ほし(星) そら(空) やま(山) かは(川)
　　みね(峰) たに(谷) くも(雲) きり(霧) むろ(室) こけ(苔)
　　ひと(人) たに(犬) うえ(上) すゑ(末) ゆわ(硫黄) さる(猿)
　　おふせよ(生ふせよ) えのえを(榎の枝を) なれゐて(馴れ居て)

이것은 탁음, 撥音, 促音을 빼고 당시에 존재한 음절을 중복하지 않고 빠짐없이 의미가 통하도록 하였다. 「えのえを」가 두 번 등장하는 것은 衣[e]와 江[je]의 차이를 말한다.

『宇津保物語』를 근거로 작성한 「あめつちの詞」와 「なにはづに」 및 「あさかやま」 등이 문자학습용으로 사용되었다고 한다. 그러나 「あめつちの詞」는 내용의 구성면에서 모든 음절을 제대로 정리하지 못한 점으로 보아 문자학습용으로 쓰인 문헌인지는 정확하지 않다. 또한 「いろは歌」도 문자 학습용으로 사용되었다는 흔적은 찾아 볼 수 없다.

オ와 ヲ의 음가도 오래 동안 지속되지 못하고 곧바로 소멸되었다. オ와 ヲ의 음가도 11세기 말경에는 어두의 표기가 혼동되어 나타는 예가 빈번하고 院政期에는 어중에도 혼용되어 사용하는 예가 늘어나며 11세기 말이 되면 그 사용이 소멸된다.

東大寺諷誦文禟

② いろは歌

源爲憲의 『口遊』에 「たゐにの歌」가 구록되어 있는데 エ가 단 한 번밖에 나타나지 않는다. 이러한 현상은 衣[e]가 江[je]로 통합된 결과이다. 또한 이 「たゐにの歌」의 음절수는 「いろは歌」의 음절수와 비슷하다.

いろはにほへとちりぬるをわかよたれそつねならむうゐのおくやま
けふこえてあさきゆめみしゑひもせす「いろは歌」

이 노래의 의미는「色は匂へど、散りぬるを、我が世誰ぞ、常なら
む、有為の奥山、今日越えて、残き夢見じ、酔ひもせず」이다. 이것은
불교의 무상사상을 하나의 운문으로 표현한 것으로 湟槃經의 偈, 즉「諸
行無常, 是生滅法, 生滅滅已, 寂滅爲樂」에 대한 일본어 번역에 해당한다.

2) 자음과 음절

カ, タ, ナ, マ, ヤ, ラ, ワ, ガ, ダ, バ행의 자음은 전대와 변하가 없다.
チ, ツ, ヂ, ヅ의 음가는 [ti], [tu], [di], [du]였고 サ, ザ행의 자음은 心蓮
의『悉曇伝』에 보이는 발음법을 토대로 추론해 보면 [ʃ]와 [ʒ]이었다는
설이 유력하다.

또 円仁의『在唐記』를 바탕으로 ハ행 자음을 규명해 보면 아마도 이
당시 발음은 [f]였던 것 같다. 그러나 이것은 어두음에 한정된 것이고
어중・어미음은 ハ, ヒ, フ, ヘ, ホ가 ワ, ヰ, ウ, ヱ, ヲ 음으로 되는 ハ행
轉呼音으로 변화한다. 이러한 현상은 11세기 중반이 되면 일반화되며
院政時代에는 イ, エ, オ와 ヰ, ヱ, ヲ의 구별이 없어져서 [i], [je], [wo]
로 통일되었다. 이와 같이 두 음이 한음으로 통합된 결과 鎌倉時代가
되면 上代仮名遣의 혼동이 극에 달한다.

이 시대의 특징은 음운변화현상으로 物語 등에는 イ음변, ウ음변 등
은 자주 나타나는데 撥音과 促音 현상은 나타나지 않는다. 그 이유는
撥音과 促音은 강한 어감을 나타내는 경향이 있어 우아하고 아름다움을

추구하는 여성들에게는 그다지 어울리지 않는 표현이기 때문이다. 동일한 시대에 히라가나로 저술된 『土佐日記』를 보면 강한 인상을 주는 문체가 나타난다.

「そもそもいかが詠むだる。」といぶかしがりて問ふ。(一月七日)
若すすきに手切るつむだる菜を親やまばるらん。(一月九日)

위와 같은 문구가 나타나는 것은 작자가 남자이기 때문이다. 이러한 음변의 형태는 和歌의 詞書(ことばがき)에는 사용이 되어도 和歌 그 자체에는 사용이 되지 않는 것은 음변이 회화체 언어에 사용되는 것이기 때문에 품격이 떨어진다고 생각했기 때문일 것이다.

① 음운변화현상
音便은 일본의 문법용어로서 음운변화현상을 말한다.

イ音便 : カ・ガ・ザ행의 四行活用動詞 연형어미 キギシ와 形容詞의 연체형 어미 キ에 관계되는 것으로 「にくきこと」, 「まして」가 「にくいこと」, 「まいて」로 변화하는 현상이다.

ウ音便 : ハ행 4단 활용동사의 연용형어미 ヒ와 형용사의 연용형 어미 ク에 나타나는 현상으로 「給いて」, 「美して」가 「給うて」, 「美しう」로 변화하는 것을 말한다. 다만 ハ행의 경우 喚ヨハウテ(ウ表記), 欲ネカ(フ表記), 尚ネガテ(제로 표기) 등 여러 가지 표기들이 있어 정확한 발음을 알 수 없다.

ん音便 : 平安時代에는 m과 n의 음가를 가진 두 개의 음가가 존재했

었다. [m]은 マ행과 バ행의 4단 활용동사 연용형어미 ミ・ビ와 연관되어 「摘みたる」가 「摘んだる」로 변화하는 것들이고 [n]음은 ナ행 변격동사의 연용형 어미 ラ행 4단 동사의 연영형 어미로 ニ・リ에 「去りぬ」가 「去んぬ」로 변화한 것이다.

平安時代에는 ガ행 4단 활용의 イ音便 バ행 4단 활용, ん音便, ラ행 4단 활용의 경음변화현상 등의 음운변화현상은 이 시대에는 아직 일반화되지 않았다. 이 시대에는 「タテ」, 「ヲワテ」와 같이 아직 경음화 표기는 되어 있지 않으나 「タッテ」, 「ヲハッテ」로 읽는 것이 바람직한 것 같다.

중고시대에는 平仮名와 カタカナ가 자연 발생적으로 나타나게 되어 자모를 구별하여 표기할 수 없게 되었고 탁점도 사용하지 않아 청탁의 구별도 확실히 알 수 없었다. 다만 그 구별이 있었다는 증거로 『類聚名義抄』에

　　　　　. : .
　　　懷イタク

와 같이 점으로 구별한 기록이 있어서 추측을 할 따름이다.

キャ・シャ・ミャ와 같은 이중 모음(拗音)은 원래 일본어에는 존재하지 않은 음으로 한자어의 급격한 사용과 더불어 나타났으며 표기가 일정하지 않고 한자를 그대로 사용하는 예가 많았다. 또한 『捷解新語』에는 「くわんにん(官人)」 「ゑそく(花足)」 등의 낱말이 보이고 クヰ(貴・歸)와 クヱ(化・花)는 서서히 キ・ケ로 변화해 갔다.

② 연음법칙

음운이 변화해 감에 따라 전대와 다르게 어중·어미에 모음음절이 오게 되었다. 모음음절 イ와 ウ가 어중에 나타나서 ai, ei, ii, ui, au, eu, iu, ou, uu 등이 한 낱말 속에 혼재하게 되었다.

또한 「うぶち」가 「ぶち(鞭)」로 변화한 것처럼 고유일본어의 어두 모음이 탈락하여 어두에 탁음이 나타나게 되었다.

한자 어휘의 사용이 많아짐에 따라 말음법칙이 나타나게 되었고 이 시대에는 낱말 끝이 입성음으로 끝나더라도 그 끝을 ツ로 표기 하였다. 이러한 현상은 三內音과 입성음에 모음을 첨가하여 개음절로 나타내던 현상이 없어진 것을 의미하는 것 같다. 입성음이라도 낱말 끝을 ツ로 표기한 것은 입성음 [t]를 표기한 것으로 생각한다.

이 이도 연성현상이 있는데 m, n, t로 끝나는 자음어에 다른 낱말이 접속하여 복합어를 만들 때 낱말의 어두음이 ア·ヤ·ワ행의 음이면 マ·ナ·タ행 음으로 변화하는 것을 말한다. 그 예로는 「三位」「陰陽師」「仁和」「恩愛」「発音」「闕披」 등이 있다.

③ オ와 ヲ음의 혼동

전술한 바와 같이 「いろは歌」「たゐにの歌」에 나타나 있는 47음과 탁음 27음이 이 시대를 대표하는 음가인데 이 중에서 オ와 を의 혼동이 서서히 일어나게 되었다. 그 예로 平安初期의 聖語藏本 『菩薩善戒經』 (810)에 기록된 것을 살펴보면 「駈ヲヒ」는 매우 이른 시기에 나타난 것이고 이들 음가의 혼동이 일반화된 것은 11세기 초이다.

그러나 이 시기에 보이는 음가의 혼동은 어두에 나타나는 예가 대부분이고 어중과 어미에는 그다지 나타나지 않는다.

寛智의『悉曇要集記』(1075)의 追記에는 두 음가의 혼동이 정착단계에 이르렀으며 才와 ㅋ음은 [wo]로 통합되었다. ワ행의 ヰ와 ヱ는 아직 통합되지 않았다. 이러한 사실은 'ィ와 ヰ, ェ와 ヱ의 음가는 서로 구별되어 사용되고 있었다(馬淵和夫, 1954)의 연구로도 알 수 있다.

따라서 음절수는 10세기 후반에는 67개로 줄어들고 11세기 초반에 이르면 더욱 줄어들어 결국 66개로 변화되었다.

④ ィ와 ヰ, ェ와 ヱ의 혼동

ィ와 ヰ를 혼동하여 사용한 예는 그다지 발견되지 않는다. 이러한 현상을 보면 이 시대의 ィ와 ヰ의 음가는 전 시대와 마찬가지로 서로 구별하여 사용한 것을 뜻한다. 다만 青谿書屋本『土佐日記』에 「かいそくむくゐせん」이라는 문구가 보이나 이것은 극히 예외적인 것이고 院政時代가 되면 ィ와 ヰ의 혼동이 일반화된다.

ェ와 ヱ도 혼동되어 사용한 예도 그다지 나타나지 않는다. 이들의 혼동은 어중과 어미에 국한되어 나타나는 것뿐이고 어두에 혼돈이 생기는 것은 鎌倉幕府부터이다. 이러한 혼동은 결과적으로 ィ[i]와 ヰ[wi]는 ィ[i]로, ェ[je]와 ヱ[we]는 ェ[je]로 통합되었다.

⑤ ハ행 轉呼音

상대에는 이러한 현상이 발견되지 않으며 平安時代에 들어서면 「妹有留和之久」의 예문에 나타나는 것과 같이 ハ・ウ 등이 혼동된 확실한 예가 나타나고 다른 음절에도 영향을 미치게 된다.

あしびきのやまひはすともふみかよふあとをもみぬはくるしきもの

を(後撰和歌集)

　　家道俗数十見之、甚系惜見事無極(御堂關白記)

　위의『後撰和歌集』의 大江朝綱이 지은 노래에는「山居(やまゐ)」와
「病(やまひ)」를 혼동한 용례가 보이고『御堂關白記』에는「いとほし」를
「いとをし」로 표기하고 있는 것을 보면「ホ」와「ヲ」를 혼동하고 있다.

5. 문법

1)　대명사

　명사의 문법적 성격은 그다지 변화가 없으나 인칭대명사의 어휘적 교
체가 보인다. 이러한 현상은 사회가 신분에 의한 계급의식이 다양화되
어 감에 따라 경어법에도 영향을 미치게 되었다.

　제1인칭 대명사「あ」,「あれ」는 전대와 병존했는데 이 시대에는「わ」,
「われ」가 주도권을 잡게 되었다.「あ」,「吾子(あご)」,「あが君」,「あが
おもと」등 직접적으로, 혹은「が」의 조사를 매개로 하여 명사와 접속
한 예들뿐이며「わがもの」,「わが心」,「わが身」와 같이「が」를 동반하
여 연체 수식어가 되며 단독으로 쓰이지 않는다.「われが名」,「われが
身」와 같이「われ」가 조사「が」를 동반하는 용법이 새로이 생겨나고
지시대명사「ここ」가 제1인칭을 대신하는 용법도 나타났다.

　제 2인칭 대명사「な」,「なれ」는 和歌에 한정하여 사용되었으며「な
むぢ」,「きむぢ」가 새로이 등장하였으나 일반적으로 지시대명사에서

전성한「そこ」가 사용되었다.

제 3인칭 대명사는 전대와 마찬가지로「し」와「さ」가 이따금 시용되었고「これ」,「それ」,「かれ」,「なれ」등의 지시대명사가 아직 미분화된 상태로 사용되었고「あ」,「あれ」가 새로이 등장하였다.

부정칭은「た」,「たれ」가 있는데 반사지시의「おれ」,「おのれ」와 함께 쓰였다.「おの」,「おのれ」는 대칭으로 전성되어 상대방을 얕보는 의미로 사용되었다.

사물, 장소, 방향을 나타내는 지시대명사는「かしに」,「あ」,「あれ」,「あしこ」,「あなた」등이 원칭을 나타내는 낱말이고 이 당시 생겨났고「か」,「かれ」도 함께 쓰였다.

2) 동사

동사의 활용은 4단, 상1단, 상2단, カ행 변격활용, サ행 변격활용, ナ행 변격활용, ラ행 변격활용 등 8종류 이외에 하1단 활용동사가 나타나 동사의 활용법은 전부 9종류가 되었다. 하1단 동사는「蹴る」한 낱말 이외에는 그 용례가 나타나지 않는다.

상대에는「クヱ」의 형태가 존재했고「蹴散此云くゑはららかす」라는 말밖에 나타나지 않으며 院政期의 사전에도「クヱル」,「化ル」의 형태가 보이고 있다.

그러나 平安時代가 되면

さとよりて一足づつける(終止形)。『落窪物語』
などて余りけけん(連用形)。『落窪物語』

殿上人に鞠けさせてご覽ずる日の有様(未然形)。『榮花物語・煙の後』

와 같은 용례가 나타나서 하1단 활용을 한 사실을 알 수 있다. 이러한 관계를 표로 나타내면 다음과 같다.

시대 변화형태	상 대	중　고		
	하2단	하1단	유음화	식음화
미연형	kuwe	kuwe	kwe	ke
연용형	kuwe	kuwe	kwe	ke
종지형	kuu	kuweru	kweru	keru
연체형	kuuru	kuweru	kweru	keru
이연형	kuure	kuwere	kwere	kere
명령형	kuwejö	kuwejo	kwejo	kejo

　상대에는 상2단 활용동사가 상1단화한 예가 보이는데 상2단 활용동사가 하1단으로 된 예는 院政期 이전에는 나타나지 않는다. 전대에 4단으로 활용하던 「隱る」, 「忘る」, 「垂る」, 「放く」 등의 낱말은 대개 하2단 활용으로 정착되었으나 和歌와 훈점 자료에는 아직도 4단 활용형이 사용되었다. 「生く」, 「帶ぶ」, 「紅葉つ」 등은 4단 활용에서 상2단 활용형으로 변화한 반면 「喜ぶ」 등은 상2단 활용에서 4단 활용형으로 「乾る」, 「嚔る」, 「荒びる」, 「居る」 등은 2단 활용에서 1단 활용으로 변화된 동사들이다. 그러나 전체적으로 보면 4간 활용에서 2단 활용으로 변화되어 가는 경향이 보인다.

　平安時代에는 音便形과 非音便形이 병립하였으며 이러한 음운변화 현상이 규칙적으로 변화한 것은 중세말기가 된다. 그 예는 『土佐日記』, 『古今集』에서 찾아볼 수 있다.

しろたへの郎路を遠く行きかひてわれに似べきはたれならなくは。『土
佐日記』
春たてば花とやらむ白雪のかかれる枝にうぐいすのなく。『古今集』

상1단 활용 동사가 조동사「らむ」,「べし」와 연결될 때「見らむ」,「見
べし」와 같이 접속하는 예가 이 시대의 초기에 나타나고 중세 이후가
되면「見るべし」,「似るらむ」와 같이 종지형에 접속되는 형태가 보통
으로 되었다.

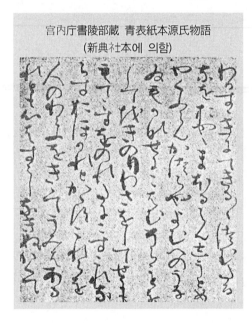

宮内庁書陵部蔵 青表紙本源氏物語
(新典社本에 의함)

연체형, 특히 동사에
한정되어 일어나는 현상
인데 계조사「ぞ」,「な
む」,「や」,「か」등이 문
중에서 선행할 경우 문말
이 연체형으로 변화하는
현상은 고대어의 특징의
하나이며 문중에서 계조
사가 선행하지 않을 경우
문말이 연체형으로 문말
이 변화하여 가는 현상이
확대되어 갔다.

「雀の子をいぬきが逃しつる。伏籠のうちに籠めたりつるものを」と
て、口惜しと思へり。『源氏物語』
海賊の船にやあらむ、小さき船のとぶように来る。『源氏物語』

위의 예문에서 보는바와 같이 연체형에 의한 종지법은 체언 끝맺음의 일종으로 볼 수 있는데 영탄, 여운의 의미가 내포된 표현 의식이었다. 그러나 이러한 용법이 널리 쓰여짐에 따라 본래의 의미는 없어지고 단순한 종지법으로 고정되었다.

已然形의 용법은 상대와는 차이를 보여 「ば」, 「ど」, 「ども」를 동반하는 경우와 「こそ」에 대한 연결어미의 역할을 하는 두 가지 용법으로 국한된다.

명령형은 상대에는 4단, ナ행 변격 활용, ラ행 변격 활용 이외에 1단, 2단, サ행 변격 활용에 「よ」를 붙이지 않는 것이 통례였는데 중고에는 和歌에 한정하여 이러한 용례들이 서서히 나타나기 시작하였다.

3) 형용사

형용사의 용법에는 2종류가 있는데 「ク・ク・シキ・ケレ」로 활용하는 ク活用과 「シク・シク・シ・シキ・シケレ」로 활용하는 シク活用이 있다.

「多けむ」 「恋しければ」 등의 미연형은 거의 사용되지 않았고 다만 和歌와 한문훈독에서 「良けむ」, 「無けむ」 등의 표현이 남아있었다.

「ーく」, 「ーう」로 변화하는 현상이 연용형에 나타났으며 「く」와 「あり」가 결합하여 「ーくあり」가 되고 이것이 축약되어 「かり」가 된 후 カリ活用이 고정되었다.

또 연체형에서 「ーき」가 「ーい」로 되는 イ音便의 현상이 있었으며 已然形에 「ケレ・シケレ」가 생겨나서 계조사 「こそ」에 대한 연결어미 역할을 하게 되었다. 형용사의 경유 상대에는 계조사 「こそ」에 대응하는 연결 어미가 「연체형」 혹은 「연체형+も」의 형태로 연결되는 용법이 쓰였는데 중고시대가 되면서 동사와 마찬가지로 已然形에 연결되는 용법이 새로이 등장하게 되었다.

> 月見ればつぢに物こそ悲しけれ我が身ひとつの秋にはあらねど。『古今集・秋上・193』

형용사의 ク活用의 어간과 シク活用의 종지형(어간)이 체언과 직접 연결되어 복합어를 만드는 것은 변화가 없지만 「さかし人」, 「わるもの(悪者)」, 「たのもし人」, 「はかなもの」 등과 같이 후속되는 체언이 「人」와 「もの」에 국한되는 경향이 있었다.

어간에 「み」를 붙여 「…によって」, 「…なので」의 의미를 나타내는 표현은 和歌와 훈점 자료에 극히 드물게 나타나며 구어에서는 사용되지 않았다. 또 어간에 격조사가 붙어서 연체수식어가 되는 용법은 상대에도 있었지만 환체의 구를 만드는 용법은 이 시기부터 나타나기 시작했다.

> あなめでたの人や。『源氏物語』
> 若く美しの人やとふ見えたり。『源氏物語』

또 어간이 술어가 되는 경우도 나타났다.

> あなうでて、この方のたをやかならましかばと、みゆかし。『源氏物語』

4)   형용동사

형용동사에는 ナリ活用와 タリ活用이 있었다. 원래 ナリ活用은 연용격에만 사용되었는데「なだに」,「あだに」등의 정태성어가 여러 가지 구문적 직능이 부족하여 그것을 보충하려고「あり」와 결합하여「ただにあり」,「あだなり」로 되었다. タリ活用는 物語, 일기류 그리고 和歌에는 용례가 거의 보이지 않으며 한어가 섞이지 않은 平仮名 명문에도 보이지 않아 구어에는 그다지 쓰이지 않았을 것으로 추정된다. 이것은 형용사의 연용형에「あり」를 붙여서 カリ활용이 생겨난 것과 동일한 현상이다. 平安時代 후기에는 후일「タリ」활용을 했던 낱말이 이 시대에「ナリ」활용을 하고 있었던 것을 보면 タリ활용이 カリ활용보다 늦게 생겨난 것을 알 수 있다.

5)   조동사

이 시대의 조동사의 용법은 전체적으로 보아 큰 변화는 없으나 어휘의 교체와 활용형의 정비 등 약간의 변화가 나타났다.「ゆ」,「らゆ」는 쇠퇴하여 흔적을 찾아볼 수 없고「あらゆる」,「いわゆる」등의 낱말에서 그 존재를 확인할 수 있다.「ゆ」,「らゆ」가 세력을 잃어감에 따라「る」와 이 시대에 새로이 나타난「らゆ」가 사용되게 되었다.

이 조동사는 수동·가능·자발·존경의 의미를 나타내며 가능의 의미를 나타낼 때에는 항상 부정의 낱말을 동반한 상태로 불가능의 의미를 나타낸다.

寝られ給はぬままに。『源氏物語・空蝉』
うちとけたるいもねられず。『蜻蛉日記』

미연형에 접속하는 조동사에는 「る」, 「らる」, 「す」, 「さす」, 「しむ」, 「ず」, 「む」, 「じ」, 「まし」, 「まほし」 등이 있는데 「る」, 「らる」, 「す」, 「さす」, 「しむ」는 접미어적 성격이 강하다. 또 「ず」「む」, 「じ」, 「まし」, 「まほし」는 아직 실현되지 않은 사태를 나타내는데 공통점이 있다.

사역의 조동사 「しむ」는 이 시대에 들어와 존경의 의미를 나타내게 되었다. 이 낱말은 物語와 일기 등에 극소수로 나타나며 여성작품의 대표적인 「源氏物語」에는 겨우 3 낱말만 수록되어 있다. 이러한 실례로 보아 「しむ」는 남성어인 듯하며 여성어로는 「す」, 「さす」가 사용되었고 사역과 존경의 의미를 지녔다.

「まし」는 추측의 의미를 나타내며 미연형 「ましか」가 새로이 나타나 현실에 반대되는 가정의 조건을 나타내며 사실의 존재와 미래까지도 나타낸다.

見し人の松の千歳に見ましかば悲しき別れせましや。『土佐日記・二月二十六日』
見る人もあき山里の桜花ほかのちりなん後ぞさかまし。『古今集・春』
雪降れば木ごとに花ぞさきにけるいづれを梅と分かき折れまし。『古今集・冬』

위의 『古今集・春』에 나타난 「まし」는 비현실적인 상황을 나타내는 조동사이다. 또 위의 『古今集・冬』에 나타난 주저주저하는 의미도 사

실에 반하는 내용으로 실형 가능성이 적고 비현실적인 상황을 나타내고
있다.

「らし」는 종지, 연체, 已然形의 용법이 사용되었으며 연체형 「らしき」
의 형태가 없어졌다. 이들의 형태는 모두 종지형으로 쓰였으며 연체형,
已然形은 계조사에 연결되는 직능을 가지고 있다. 그러나 이러한 현상
은 和歌에 국한되며 物語와 일기에는 나타나지 않는다. 「べし」는 전대
에는 사용되지 않던 「べけれ」가 새로이 나타났다.

まして聞え難かるべければ一人参れよかし。『源氏物語・若紫』

또 「べし」는 연용형에 「あり」가 결합하여 「べかり」가 출현하였고 「べ
らなり」의 형태도 있었다. 이것은 어떤 사실이 당연히 실현된다고 판단
되는 상태인 경우에 사용된다. 여기서 사용하는 당연이라는 의미는 가
치 판단으로서의 당연과 상황 판단으로서의 당연을 의미한다.

「めり」는 추측의 의미를 가지고 있으며 화자가 확실한 사실이라고
판단한 내용에 대하여 단정적으로 말해도 좋은 경우 우회적으로 말을
돌려서 표현하는데 사용된다. 이것은 중기 物語에 많이 나타나며 강한
표현을 피하고 완곡한 표현을 하는데 사용된다.

부정적 추측의 「まじし」가 없어지고 「まじ」가 사용되었다. 연용형에
「あり」가 결합한 「まじかり」가 있고 ウ音便 「まじう」가 있다. 그러나
イ音便 「まじい」는 아직 나타나지 않았던 것 같다.

추측을 나타내는 조동사 「む」의 미연형 「ま」에 접미사 「く」가 붙어
서 「まく」가 되었다. 여기에 형용사 「欲し」가 붙어서 「まくほし」가 된
예가 전 시대부터 보인다. 상대의 조동사 「まくほし」에서 나온 것이

「まほし」이며 연용형에 「あり」가 결합한 「まほしかり」도 사용되었다.

연용형에 접속하는 조동사로 「き」, 「けり」, 「つ」, 「ぬ」, 「たり」, 「けむ」 등이 있고 모두 시제를 나타내는 조동사이다. 「き」, 「けり」의 구별은 명확하지 않지만 일반적으로 「き」는 경험적 회상을, 「けり」는 비경험적 회상을 나타낸다.

6) 조사

상대의 특수한 격조사 「つ」, 「な」, 「い」, 「よ」, 「ゆ」, 「ゆり」는 모두 구어에서는 사용되지 않게 되었고 「の」, 「が」, 「を」, 「に」, 「へ」, 「と」, 「より」, 「から」가 사용되었다.

> 君に馬は奉りて、われはかちよりくくり引き上げなどして出て立つ。『源氏物語』

「より」에는 동작의 기점과 비교의 표준을 나타내는 것 이외에 동작이 행해지는 지점을 나타낸다. 이것은 「を」의 의미와 유사한데 이 이외에도 수단과 방법을 나타내는 용법도 있다. 또한 「を」의 용법은 전대와 동일하다.

또 접속조사로는 「ば」, 「とも」, 「と」, 「ども」, 「に」, 「を」, 「て」, 「で」, 「つつ」, 「ながら」가 있으며 「ず」의 연용형 「に」에 「て」가 붙어서 생겨난 「にて」가 원형으로 생각되는 「で」가 새로이 생겨났다.

부조사에는 「だに」, 「すら」, 「さへ」, 「のみ」, 「ばかり」, 「まで」, 「など」, 「ら」를 들 수 있으며 係助詞로는 「は」, 「も」, 「ぞ」, 「なむ」, 「や」,

「か」,「こそ」가 있는데 이 중「なむ」는「なも」였다. 부조사「すら」는 이 시기의 物語에는 나타나지 않으며 대부분은 和歌 및 훈점자료에서 발견된다.「など」는 이 시대에 새롭게 나타나 활발하게 사용되었다. 이것은 흔히 다른 조사에 연결되어 사용되었는데 특히「と」와 연결되는 경우는 거의 없었다.

계조사는 전대와 거의 변화가 없으나「なも」는「なむ」로 변화하였다. 「は」는 주로 문말의 활용형에 붙어서 사용되었다. 이와 반대로 상대에 빈번하게 사용되던「も」의 종지법은 쇠퇴되어 和歌에서나 찾아볼 수 있게 되었다.

종조사에는「かな」,「がな」,「もがな」,「てしかな」,「にしかな」,「か し」,「な」,「ばや」,「なむ」등이 있는데 이 시대에는「かも」대신에「か な」가 사용되었다.

> 男女「いとわりなきわざかな」と、言いあせつつ嘆く。『源氏物語』
> 「いであなをさなや。いふかひなう物し給ふかな。」『源氏物語』

앞에서 설명한 바와 같이 係助詞「も」를 문말에 사용하여 문을 종지 시키는 용법은 쇠퇴되었지만 그「も」의 위치에「な」를 사용하는 용법이 새롭게 나타났다.

> あこはしらじな。その伊予の翁よりは先に見し人ぞ。『源氏物語』
> まだおどろい給はじな。いで御目さまし聞えむ。『源氏物語』

이「な」는 문말의 종지형에 붙어서 감동의 의미를 나타내고 미연형에 붙어서 바람의 의미를 나타낸다. 이 시대에 새롭게 나타난 것은 「かし」
와 「ばや」가 있는데 「かし」는 일단 종지형에 붙어서 지정의 의미를 나
타낸다. 「ばや」는 원래 미연형 부속의 접속조사 「ば」에 「や」가 붙어서
생겨난 형태로 뒤에 접속되는 술어를 생략하는 용법으로 사용되었고 이
시대에 들어와 비로소 독립된 종조사가 되었다.

> かかる所に思ふやうなら人をすゑて住まばや。『源氏物語』

이 시대에는 「ゑ」, 「ろ」, 「い」, 「な」 등의 간투조사는 없어지고 「や」,
「よ」, 「を」 등이 사용되었다.

7) 경어

체언의 어두에 접속되는 어조사에는 「おほん」, 「おん」, 「お」, 「で」
등이 있는데 「ご」는 주로 한어에 붙어 「御愛敬」, 「ご本性」, 「ご願」 등
에 사용된다. 和語에는 일반적으로 「おん」과 「お」가 있으며 「おほん時」
과 「おほん馬」 등과 「み気色」, 「み心」 등의 「み」는 특정 낱말에 고정되
는 현상이 있다.

① 존경어
존경의 의미를 나타내는 데 사용되며 대개 다음과 같은 것들이 있다.

> 給ふ, おはす, おはします, おもほす, おぼす, おぼそめす, きこしめす,
> 參る, 奉る, 宣ふ, 宣はす, 仰す, ご覽ず, めす, 大殿でもる

상대에 사용되던「ます」,「います」는 이 시대에는 거의 사용되지 않 았고「たぶ」도 초기의 문헌에는 나타나지만 중기가 되면 物語 등에는 사용하지 않았다. 그러나 중기에도 남성계의 언어로는 사용되었다.

장소와 주거를 나타내는 낱말에는 주인을 지칭하는 말이 있는데 그 의미는 간접적인 경의로 볼 수 있으며 그 예로「院」「うち」등이 있다.

「給ふ」,「おはす」,「おはします」 등은 보조동사로 사용되며 이 중에 서 가장 많이 쓰이는「給ふ」에 존경의 조동사「す」「さす」가 붙어서 「せ給ふ」,「させ給ふ」가 되었는데 이들은「給ふ」보다 한층 더 높은 경 의를 나타낸다. 이 시대의「す」는 단독으로 사용되지 않고「思はす」「お ぼす」「聞し召す」 등의 경어 동사에 고정되어 있다.

② 겸양어

겸양의 동사는 이 시대에 새롭게 생겨난 낱말들이 사용되어 자세하고 세밀한 표현 양식이 쓰이게 되었다.「たまはる」,「奉る」,「申す」,「参る」, 「まかる」 등이 이 시대에도 쓰였으며 다른 동사와 복합하여 새로운 겸 양동사를 만들기도 했다.「たまはる」가 보조 동사의 역할을 하는 것으 로「うけたまはる」가 있는데 이 시대에는「承諾する」,「聞く」의 뜻으 로 사용되었다.

「参る」,「まかる」,「出づ」와 결합하여「まうづ」,「まかんづ」가 되었 다.「まかる」는「まかり歩く」,「まかり渡る」,「まかり上げる」 등 많은 복합어가 있으며「参る」에서「参らす」가 생겨나「差し上げる」의 의미 로 사용되었다.

「申す」는 상대에도「都まで送り申して」과 같이 사용된 적은 있으나 문헌상 많은 용례는 보이지 않으며「奉る」,「参らす」는 이 시대에 많이 사용되었다. 이외에 이 시대에 새로 나타난 낱말로 「聞こゆ」, 「聞えさす」, 「さぶらふ」 등은 「お耳にいれる」 「申し上げる」 등의 의미로 사용되었으며 「さぶらふ」, 「さもらふ」에서 파생된 낱말로 주로 회화문에서 사용되었다.

하 2단 활용을 하는 「給ふ」는 겸양을 나타내는 보조 동사로서 이 시대에 새롭게 생겨났으며 중기에는 빈번하게 사용되었으나 말기에는 쇠퇴하여 별로 사용되지 않았다.

③ 공손어(丁寧語)

공곤어(丁寧語)는 상대에는 존재하지 않았으며 이 시대에는 「侍り」가 동사 및 보조동사로 사용되었고 이 이외에 이 시대에는 특별한 용법이 없었다.

ようしきまうけの物ごきやさぶらふ。(源氏・宿本)

이 시대에는 전술한 「さぶらふ」도 「あり」의 공손어로 사용되었다.

6. 어휘

어휘는 위상에 따라서 달라지는 경우가 많다. 위상이란 지역성, 년령, 직업, 계급, 상황, 문장양식 등의 차이에 의하여 언어가 여러 가지 형태로 생성된 것을 말한다.

백제의 왕인박사에 의해 한자 및 한문이 일본에 교습된 이래 漢詩文

集이 편찬되는 등 지식인 계층을 중심으로 한자 어휘가 사용되게 되었고 남성을 중심으로 한자 한문의 학습을 하였기 때문에 지식인 계층 간에는 한자어의 사용이 일반화 되었는데 그 결과 일상 생활에 한자어가 사용되게 되었으며 여성 간에도 한자어를 섞어서 사용하게 되었다. 한자어가 도입된 것은 체언 뿐이며 이 시대의 문헌에는 「念ず」, 「論ず」, 「見ず」, 「服ず」, 「ご覧ず」, 「領ず」 등 한자어를 동사화 하는 기본공식으로 되어있다. 그러나 サ행 변격동사와 복합한 예는 나타나지 않는다. 또 접속사를 붙여서 동사로 된 것도 적지 않다.

> 縣想だつ　気色だつ　艶だつ
> 縣想ばむ　気色ばむ　縣想ぶ
> 上衆めく　試藥めく　廓めく

형용사와 같이 활용되는 것도 있다.

> 乱がはし　執念し　美々し　下衆下衆し

이 밖에도 형용부사로 된 것과 부사로 된 것 등이 있다.

> 형용부사 : 掲焉なり, 艶なり, 切なり, 不便なり, 警策なり
> 부사 : 随分に, 猛に, 頓に, 県證に, 実に

일본어의 역사

제4장

중세

院政가 끝나는 12세게 말부터 江戸幕府가 시작되는 17세기까지 약 400년간을 말한다. 전체적으로 鎌倉·南北朝의 약 200년간을 전기로 室町時代 약 200년간을 후기로 나누어 생각할 수 있다.

이 시기의 특징으로 言과 文의 차이가 상당하였다. 이처럼 많은 사람들이 일상생활에서 사용하는 말과 글이 서로 다르게 된 것은 구어가 시간이 경과함에 따라 변화를 거듭한 것에 대하여 문어는 전대에 사용하던 和文이 그대로 쓰였기 때문이다.

室町時代 말기에 일본어 통상을 요구한 포르투칼인 사이에 섞여서 일본에 온 선교사 로드리게스는 대저 『日本大文典』을 저술하였는데 이 저서 속에 다음과 같은 문구가 나온다.

일본인은 이야기할 때 사용하는 통속적인 문체를 사용해서 사물을 기록하는 행위는 하지 않는다. 일상 회화에서 사용하는 것과 완전히 다른 문체를 사용하고 동사의 어미 및 助辭를 사용하는 등 매우 큰 차이가 있다.

중세는 귀족사회에서 武家社會로 변화한 시기이기도 하다. 和歌, 物語, 일기 등도 있지만 『保元物語』, 『平治物語』, 『平家物語』, 『太平記』 등이 집필되고 여기에는 武士語가 많이 사용되었다. 또 『宇治拾遺集』, 『古今 著文集』, 『十訓抄』 등의 설화문학에서 서민어를 찾아볼 수 있다. 구어자 료로는 室町時代에 五山의 학승과 博士字·神導家文学가 불전·한적 등의 강의 내용을 기록한 抄物가 많이 나왔다.

또 크리스천 자료는 문어로 쓰인 것도 있으나 구어로 충실하게 기술 된 것도 있으며 외국인이 당시의 일본어를 기록한 문헌도 있는데 포르 투칼인이 쓴 『日葡辞書』, 조선시대에 쓰인 자료로 『和語類解』, 『伊呂波』, 『捷解新語』 등이 있다. 중국 자료로는 『鷄林玉露』, 『唐史會要』, 『日本 館譯語』, 『日本風土記』 등이 있다.

외국인의 손에 의해 저술된 문헌들은 음운·어법 면에서 매우 중요한 가치를 가지고 있다. 또 이 시기는 고대어를 근대화하는 과도기로 볼 수 있기 때문에 과도적 언어 상태가 주류를 이루고 있어 초기의 언어와 말기의 언어 상태는 상당한 차이를 나타내고 있다.

1. 문자

이 시대에도 한자와 カタカナ, 平仮名가 사용되었으며 한자는 일반 인에게도 널리 사용되었다. 이러한 경향은 平安時代 말기에 『伊呂波類 抄』, 『節用集』, 『下学集』 등의 사전이 사용되었다는 사실에서 알 수 있 다. 한자의 자체는 해서체와 행서체가 쓰였으며 그 중에 행서체가 일반 적으로 사용되었다.

한자의 자체는 해서와 행서가 있으며 이 당시 일반적으로 사용된 것은 행서였다. 해서의 자형은 현재와 다른 자와 문자도 있으며 아떼지(宛字)도 사용되었다. 宛字는 한자의 의미와 무관하게 음과 훈을 빌어서 고유 일본어를 표기한 것이 많으며 의미상으로 관계가 있는 한자를 차용한 것도 있으나 한자를 차용한 이유를 알 수 없는 경우도 있다.

> 不図(ふと), 破家 馬鹿 馬鹿(ばか), 六惜(なつかし), 糸惜(いとほし),
> 借染(かりそめ), 東西(あなたこなた), 小大無(なにとなく), 左右(とざ
> まかうさま),
> 一二三(うたたね), 正首(まめやか), 安託(おしなべく)

カタカナ는 한문 불전을 번역할 때 한자를 읽기 위하여 사용하던 万葉仮名의 약체에서 생겨났다. 이것은 한자를 읽기 위한 보조 부호의 역할밖에 하지 못하였는데 이 시대에 들어오면 독립문자로서 사용하게 되었다. 학술적인 성격의 서적은 한자와 カタカナ를 혼용하여 사용하는 경향이 뚜렷했다. 히라가나는 전대와 마찬가지로 和歌와 物語에 사용되었으며 전기에 점차 통일되어 지금의 글자체와 동일하게 되었다.

가나의 구석에 「○」, 「○○」, 「●」, 「●●」 등의 기호를 붙여 청음을 나타내는 기법은 平安時代에도 있었는데 『古今訓点抄』, 『古今秋聞』 등의 주역서에 사용되었다. 반탁음의 부호인 「○」의 사용은 室町末期의 크리스천 문헌에서 비롯되며 「落葉集(1598)」에서도 그 예가 나타난다.

또 음운의 변천에 의해 平安末期부터 음운과 문자의 일대일 대응이 이루어지지 않게 된 결과 仮名遣의 혼란이 일어나게 된다. 이러한 상황에서 藤原定家는 仮名遣의 규칙을 제정하였으며 그 후 定家의 생각을 보완하여 行阿는『仮名文字遣』를 만들었다. 定家의 仮名遣는『下官集』에서 찾아볼 수 있으며 가나데草子와 和歌에 관한 주의사항이 쓰여 있다.

16세기 중반 경 일본에 그리스트교가 전해졌는데 교리를 전파하기 위해 온 선교사들은 로마자로 일본어를 기록하였다. 이들은 일본이 가나 즈카이와 무관하게 포르투칼 철자법으로 기록하였는데 이 기록을 검토해 보면 당시의 발음을 발음 나는 대로 충실하게 표기한 것을 알 수 있다. 1590년에는 이들 철자법이 통일되어 활판 인쇄기에 의해 출판되었다. 다음은 통일된 포르투칼어 철자법의 음운표이다.

a	i, j, y	u, a	ye	uo, vo
ca	qi, qui	cu, qu	qe, que	co
ga	gui	gu	gue	go
sa	xi	su	xe	so
za	ji	zu	je	zo
ta	chi	tçu	te	to
da	gi	zzu, dzu	de	do
fa	fi	fu	fe	fo
ua,va				

이들 철자법 중에 일본어 발음을 원음대로 표기할 수 없는 것들이 있고 포르투칼어의 음과 일본어음과의 차이 등도 생각해 볼 필요가 있다.

2. 문체

공적인 문서는 어휘 문법적인 면에서 일본어의 요소가 섞인 변체 한문이 사용되었으며 擬古文이라는 문체도 있었고 和漢混合文도 함께 쓰였다. 기록 문체「東鑑體」는 변체 한문인데 이『東鑑』이라는 사서가 이 시대에 저술되었고 이 문체는 남성의 일기와 기록류에 널리 사용되게 되었다. 俗語가 섞여 사용되는 경우도 많아졌고 문말에「候」를 붙이는 것 이외에 서간 특유의 정해진 문구를 사용하는 등 일반적으로 쓰이는 문체와 큰 차이를 보였다.

1) 한문

한자만으로 쓰인 것으로는 공사문서와 일기, 公家日記,『玉葉』,『明月記』 등이 있고 史書로는『東鑑』 등이 있다.『東鑑』은 서기 1180년에서 서기 1266년까지 다시 말해 鎌倉幕府에 대한 기록인데『東鑑體』라는 문체로 쓰였다. 또한「候文體」도 있고 이 문체는 鎌倉時代에 활발하게 사용되었다.

2) 和文

이 문체는『徒然草』의 문체를 들수 있는데 平安時代의 和文에는 사용례가 보이지 않고 鎌倉以後 문헌에만 나타난다.『徒然草』에는「判詞」예가 많이 보인다. 이러한 의미에서 보면『徒然草』의 문체는 이 시대의 和文體라고 할 수 있을 것이다.

和漢混合體

　한문 훈독 문체는 和文體의 양요소가 동시에 쓰인 문체로 당시의 속어와 무사어 등이 혼합되어 있으며 平安時代에 저술된 『平家物語』를 대표적인 것으로 들 수 있다.

　다시 말하면 이 문체는 カタカナ混合文體와 平仮名混合文體를 말하는데 『平家物語』 이외에 『保元物語』, 『太平記』 등 軍記物語에 쓰인 힘이 있는 새로운 문체이다. 이 시대에는 이러한 문체 이외에도 室町 중엽 이후에 五山의 學僧과 유학을 공부하는 사람들이 한적 불전의 강의 내용을 필기한 『史記抄』, 『毛詩抄』 등의 抄物도 있고 이들 문체는 이 시대의 구어를 기록한 특별한 문체이다.

3. 중앙어와 지방어

　平安時代 말기부터 鎌倉時代에 걸쳐서 많은 東國地方의 무사들이 京都로 몰려들었다. 武家勢力을 배경으로 한 東國地方의 언어는 京都語에 어느 정도 영향을 미치게 되었으나 중앙어와 대립되어 멸시를 받는 것은 전 시대와 마찬가지였다. 『徒然草』에는 관동 사람인 悲田院의 堯蓮上人의 말투를 다음과 같이 적고 있다.

　　　声うちゆがみて、あらあらしく

　로드리게스의 『日本大文典』에도 위와 같은 내용의 기록이 있는 것을 보면 京都의 언어에 동화되지 않으려는 日蓮의 마음가짐을 엿볼 수 있다.

室町時代 末期의 그리스천 문헌의 기록은 당시 사용한 京都의 회화체 언어를 표준으로 삼고 있는데 로드리게스의 『日本大文典』에는 近畿・九州・関東의 三大 방언에 대하여 언급하였다. 좀도 자세히 살펴보면 近畿와 九州의 말이 대립하며 中國地方은 豊後와 비슷한 점이 있고 관동지방의 언어와는 대립관계에 있었다.

史記抄

<中國>
① [ai]를 장음안 [a:]로 발음한다.
② 부정의 조동사로 「ず」, 「ざる」를 사용한다.

<九州>
① 「あんがい」, 「こんがい」 등의 말투를 사용한다.
② [ʃ]를 [û]로 말한다.
③ 「らう」, 「ざる」, 「づらう」를 긍정의 의미로도 사용한다.
④ 방향성 동사에 「に」를 사용한다.

<豊後>

① [ai]를 장음인 [a:]로 발음한다.

② [ei], [oi]를 [ii]로 발음한다.

③ 존경의 의미를 「しゃった」와 같이 「しゃる」를 사용한다.

④ 부정의 조동사로 「ず」, 「ざる」를 사용한다.

<肥前・肥後・築後>

① [ai]를 [ae], [ai]를 [oc]로 한다.

② 동사의 명령형 어미 「よ」 대신 「ろ」를 사용한다.

③ 형용사의 어미에 「甘か」, 「よか」와 같이 「か」를 사용한다.

④ 존경의 의미에 「せまし」, 「させまし」 대신에 「せめし」, 「させめし」를
사용한다.

⑤ 의문의 의미로 「いらう」, 「やらう」 등을 사용한다.

⑥ 감동의 여성어의 종조사로 「ばを」를 사용한다.

<備前>

① 「が」의 직전 모음이 비음화 되지 않는다.

② 부정의 조동사에 「ず」, 「さる」를 사용한다.

③ 형용사의 연용형이 수식어가 될 때 「茶を熱うにたてい」와 같이 「に」
를 사용한다.

<關東>

① 말투가 거칠다.

② 「セ」는 「se」로 발음한다.

③ ハ행 4단 활용 동사는 촉음변을 취한다.

④ ラ행 4단 활용 동사 중에 「借りて」와 같이 촉음변을 사용하지 않는

것이 있다.

⑤ 2단 활용이 1단화 한다.

⑥ 형용사의 ウ음변은 사용되지 않고 - く의 형태를 사용한다.

⑦ 부정의 조동사에「ない」를 사용한다.

⑧ 미래의 의미로「べい」를, 추측의 의미로「んず」를 사용한다.

⑨ 방향성 조사에「さ」를 사용하다,

4. 음운

그리스천 문헌에 의하면 일본어의 5개모음 중 [ye], オ는 [uo]로 기록되어 있으며『悉曇字記鈔』에는 ア・ヤ・ワ행의 エ와 ア・ワ행의 オ는 平安時代에 이미 고정되었다. 이 시대의 모음은 [a], [i], [u], [e], [o] 다섯 음이 있었지만 단모음으로 구성된 음절은 [a], [i], [o] 세 개의 음뿐이었다. 이러한 사실은 院政期의 悉曇学者들이 え와 お를 [je], [uo]로 기록한 것만 보아도 알 수 있다.

또 エ段과 オ段의 ア行 이외의 음절의 모음은『日葡辞書』와 같은 크리스천 문헌에는 e・o로 표기되어 있으며 조선시대 자료인『伊呂波(1492)』에는 エ段의 음절이「녜」,「계」,「셰」,「례」와 같이 [ye]와 유사한 발음으로 표기되어 있다. 이러한 기록을 근거로 이 시대의 음가를 추정해 보면 역시 포르투칼어의 음운표기에 따를 것인가 중세 한국자료의 표기에 따를 것인가 하는 문제가 대두되지만 이 두 기록을 종합하여 분석해 보면 ⼯는 예[ye]였으며 才,ヲ는 [wo]였을 것으로 판단된다.

포르투칼 사람들이 활판인쇄기로 인쇄한 서적에는 철자법이 통일되어 있는데 그 예를 들어 보면 다음과 같다. 로드리게스의「日本大文典」에는 ガ행과 ダ행 때로는 バ행음과 ザ행음 바로 앞에 오는 모음은 비모음으로 발음했다는 사실로 보아 이 음은 室町期에 꽤 많아 사용했다고 볼 수 있으며『捷解新語』의 한글 표기에도 나타나있고 규칙적이다. 당시 才의 장음은 개음인 [ɔi]와 [oi] 두 종류가 있었다. 또 모음교체 현상이 큰 폭에 걸쳐 나타났다.

     o~u 교체 「數ふ」→「かずふ」

           「夢る」→「かほる」

           「弱き」→「ゆわき」

     e~i 교체 「蛙」→「かいる」

           「楓」→「かいで」

           「栄螺」→「さざい」

     [a+je]~i 교체「せらるる」→「しらるる」

           「させらるる」→「さしらるる」

2) 자음과 음절

か・が행의 자음은 전 시대와 동일하며 サ・ザ행음은 크리스천 자료의 기록에 의하면 다음과 같다.

Sa	Xi	Su	So	Xa	Xu	Xo
Za	Ji	Je	Zo	Ja	Ju	Jo

[X]는 포르투칼어로 [ʃ]에 해당한다.

또 院政期의 悉曇学者들의 기록으로 보아 サ행음은 [ʃa]에 해당하는 것으로 サ행 자음은 [ʃ]였고 이 음에 대응하는 ザ행의 자음은 [ʒ]였다. 그러나 セ와 ゼ를 제외한 것들은 室町末期 이후 현재와 같은 음으로 변화되었으며 ツ・セ・ヅ・ゼ를 Xi・Xe・Ji・Je의 로마자로 대체한 것으로 보아 Xi・Xe는 [ʃi], [ʃe]의 음을 대채한 것을 알 수 있다.

タ・ダ행음은 크리스천 자료에는 다음과 같이 표기되어 있다.

ta	chi	tsu	te	to	cha	chu	cho
da	gi	dzu(zzu)	de	do	ja	ju	jo

위 사실에 비추어보면 이러한 발음은 鎌倉期까지는 전 시대와 동일했으며 チ・ツ, ぢ・ヅ도 [ti][tu], [di][du]이었을 것이다. 중국의 문헌에 나타난 チ・ツ, ヂ・ヅ도 [t]와 [d]의 음가를 가진 한자어를 어두음으로 표기하고 있다. 또 조선에서 출판된 『伊呂波』에는 チ와 ツ를 [디]와 [두]로 표기하고 있다. 크리스천 자료에는 4개의 가나(四つ仮名)를 Ji, zu, gi, dzu(zzu)로 구별하여 사용하였고 『日本文典』에 수록된 것은 京都 방언으로 이 4개의 가나에 혼동이 일어났다.

한편 로드리게스도 이 4개의 문자에 대하여 「自然(じねん)」을 「ぢねん」, 「此の中(このぢゅう)」을 「このじゅう」, 「水みづ」를 「みず」, 「参らず」를 「まいらづ」와 같이 발음하는 경우가 있다고 적고 있다. 이러한 현상은 『日葡辞書』에도 기록되어 있어 이 당시 이 두 현상을 혼용해서 사용하는 사람들이 많았다는 것을 알 수 있다. 鎌倉幕府 중기 日蓮의 사신에도 「貞女は両夫に嫁がづ」 등 혼동한 예가 보인다.

ハ행음은 크리스천 자료에 fana(花), fito(人), fumi(文) 등 [f]로 표기하고 있고 後上原天皇御撰의 「なぞだて(1516)」의 내용으로 보아 전 시대와 같이 [f]이었던 것 같다. 그러나 이 음은 고리야드의 『日本大文典』에는 [h]로 발음하는 지방도 있다는 기록과 ハ행음을 표기하는데 머리소리로 [p], [f], [h]로 발음하는 한자어로 표기한 기록도 있다.

パ행음은 정상적인 일본어음이 아니었으며 한자 외래어에서 한자어 다음에 오는 ハ행음이 パ행음으로 되어 「八方」, 「一編」, 「匹夫」 등으로 변화했다고 생각된다.

力行合拗音 중 クヰ・クェ・クオ 는 일찍이 직음화하여 キ・ケ・コ로 되었으며 クワ・グワ 는 직음화되지 않았다. 그러나 그 徵兆는 院政期에 カ・ガ 의 형태로 나타나기 시작하여 『仮名書往生要集』(1181)에는 「いんが(因果)」, 「かんき(歡喜)」 등의 예에서 보듯이 か・が의 형태로 되었다.

이 시대에는 拗短音 ク・ヲ는 없었지만 クワウ는 있었다. 그 예로는 다시 말해 「広大」는 クワウダイ로, 「光」은 クワウミャウ으로 표기되어 있고, 포르투칼인에 의해 표기된 철자법으로 [qocǒ]로, 「皇澤」은 [cǒtacu]로 기록한 용례가 보이며 가나(仮名) 문헌에는 「光明(カウミャゥ)」, 「恐惶(ケウカウ)」 등의 예도 보인다.

음운 변화현상은 전 시대와 마찬가지로 4종류가 있는데 발생 조건이 다르다.

イ音便 : 주로 カ・ガ・サ행의 4단 활용 동사의 연용형에서 나타나며 カ행 4단 동사에서 그다지 발생하지 않았던 イ音便도 후기가 되면 매우 빈번하게 나타난다. 이 시대에 나타나 이 시대에 사라진 것으로는 현재 동경 사투리에 그 흔적이 남아 있는 「指いて」「起いた」와 같은 サ행 4단의 イ음변이 있다. 형용사의 연체형은 전대와 마찬가지로 「い」, 「しい」이다.

撥音便 : バ行・マ行의 4단 활용과 ナ行 변격동사의 연용형에 나타난다. 어간 말미가 모음 ウ로 끝나는 동사는 撥音變의 형태를 띠며 バ행 マ행의 4단활용과 ナ변의 연용형은 「呼んで」, 「呼んだ」와 같이 オ段 장음이 되어 う音便과 동일한 형태가 되었다.

う音便 : 전 시대와 마찬가지로 ハ행 4단 활용에 나타나며 室町時代에는 장음이었고 형용사의 연용형에 나타나는 う音便도 마찬가지였다.

促音便 : 이 시대의 초기에 說話集과 軍記物語에 많이 나타났다. 이것이 說話集과 軍記物語에 많이 나타나는 이유는 아마도 힘 있는 표현을 하는데 효과적이기 때문이었을 것이다. 이러한 표현들은 당시의 사회상을 표현하는데 효과적이고 사회 환경에 적합한 표현 양식이었다. 이들은 タ・ハ・ラ행의 4단 및 ラ행 변격 동사의 연용형에 나타난다. 「思って」, 「使って」와 같은 표현 형식은 室町 말기까지는 사용되지 않았던 표현 양식이다.

위의 4종류의 음변도 이 시대 후기가 되면 음운 현상의 성격을 잃어버리고 연용형과 병립하는 하나의 활용 형태로 정착되었다.

① 장음

연모음 중에서 [u]가 직전의 모음과 융합하여 생겨난 것이 많으며 이 장음화가 일반적으로 된 것은 이 시대에 들어와서 부터이다. オ段의 장음에는 개음과 합음 두 가지가 있는데 그리스천 문헌에는 개음을 ŏ, 합음을 ô로 구별하여 사용하였다. 로드리게스에 의하면 개음은 [ɔi], 합음을 [oi]로 표기하고 있다. ア음은 ア段단의 음절에 모음 [u]가 연결된 [au]가 변화한 것이다.

> 申す(mŏsu) 부う(fayŏ) 讀まう(yomŏ) 光明(gĭŏ)

합음은 エ段, オ段 음절에 모음 [u]가 연결된 [eu], [ou]가 변화하여 생긴 것이며 [eu]는 변화하여 オ段의 拗長音이 되었다.

> eu : 妙(meô) 朝(chô) 受ける(vgeô)
> ou : 良(yô) 奉公(fôcô) 思ふ(vomô)

다시 말하면 オ의 장음을 그리스천 문헌은 ŏ, ô로 구별하고 있는데 이것은 전술한 바와 같이 平安時代에는 두 모음으로 발음되었던 것이 합해진 것이다. 그 예를 들어 보면 다음과 같다.

> アウ・アフ   → ŏ(개모음)
> オウ・オホ・オフ → ô(합모음)
> エア・エフ   → yô(합유장음)

이와 같은 현상은 다음의 기록에서도 여실히 증명된다.

문 : 惑人あふげばを、王げばとよむ、如何。

답 : あしし、あふげばとよむべし。

즉, 여기서는 「あふぐ」를 개장음으로 읽으면 안 된다고 적고 있다. 이들의 대화에 비추어 보면 이 당시 장음을 사용한 것은 틀림이 없다. 그러나 여기서 「玉げば」라는 대목에 주의하여 당시의 음을 유추해 볼 필요가 있다. 이들이 모음 「ワ」와 결합하는 경우는 위의 법칙내로 장음화가 일어나지 않는 것도 있다. 또 バ・マ행 4단 발음변이 장음이 된 것은 이미 언급하였는바, 이것도 모음의 종류에 따라서 「選うだ」과 같이 개음이 되는 것과 「讀うだ」, 「叩うだ」와 같이 합음이 되는 것이 있다. 이런 개음은 시간이 경과함에 따라서 혼돈을 거듭하게 되었는데 京都보다는 關東에서 더 빠르게 혼돈이 진행되었고 개음의 원칙을 지키려는 크리스천 문헌에서 조차도 혼동이 일어나게 된다.

ウ단의 장음은 イ단과 ウ단의 음절에 모음 u가 결합한 iu, uu가 변화해서 생겨난 것으로 크리스천 문헌에는 다음과 같이 적고 있다.

uu: cŭ(食ふ), sŭ(吸ふ), nurŭ(緩う), cŭ(空), tçŭ(通)

iu: yŭ(言ふ), ataraxŭ(新しう), riŭ(流), akiuŭdo(商人)

バ행・マ행 4단의 음변형 중에 어간이 [i]모음으로 끝나는 것은 「canaxŭda(悲しうだ)」, 「najiŭda(馴染うだ)」와 같이 유장음이 되었다.

중국지방과 豊後지방에서는 「なるまい」를 [naruma:]로 발음하고 「春は」를 [hara:]로 발음한다고 로드리게스는 적고 있다.

② **연음상의 법칙**

연성의 현상도 거의 전대와 같았다. 『倭名類聚鈔』『反音作法』 등의 문헌에 연성의 예가 보이고 있으며 자음어에 한정되어 나타나던 것이 후반기에는 일본 고유어에도 나타나게 되었다. 「赤兔ある」, 「恩を」, 「人間は」 등과 같이 한자어와 일본 고유어에 「を」, 「は」가 접속할 수 있게 되었다. 또 모음[i] 혹은 [e]다음에 연결되는 「合う」는 ヤ행으로 변화하는 것이 보통이다. 이러한 현상은 이미 室町時代의 抄物와 크리스천 문헌 등에 많은 예가 수록되어 있고 御燈明(みやかし), 平安(へいあん), 一惡(いちやく) 등 예가 나타나는 것으로 보아 「合う」에만 한정된 현상이라고 볼 수 없다. 이와 같은 연음의 법칙은 이 시대의 회화체 언어에서는 일반적인 현상이었다. 입성 [t]의 연성은 이 시대 말기에는 거의 소멸되었다. 연탁의 현상도 사용되었으며 말머리에 탁음이 오게 되었다.

③ **발음 · 촉음 · 입성음**

발음 : 鎌倉幕府 중기까지는 m · n의 구별이 있었는데 그 이루 혼동을 거듭하여 n으로 통합되었다. 그러나 이 시대에도 マ · バ · パ행의 앞에 오는 撥音은 m으로 발음하였다. 이러한 사실은 로드리게스의 기록에서도 알 수 있다. 로드리게스는 로마자 철자법으로는 面目(membocu), 面面(memmen), 面拜(mempai) 등으로 표기하였고 b · m · p 앞의 撥音은 모두 m으로 발음하였다고 기록하고 있다.

입성음 : 중고시대와 마찬가지로 [t]음만이 원음의 음가를 유지하고 있었다. 이러한 현상은 크리스천 문헌이 모두 別物[betmot], 筆舌

[fitjet], 日月[jitguet] 등과 같이 모두 [t]로 표기하고 있는 사실에서 기인한다. 그러나 [t]로 표기해야 할 부분에 蜜裡[mitri]와 같이 [t]로 표기하는 것도 있는 반면 [mitçri]로 표기한 경우도 있다. 이 이외도 『日葡辞書』에는 「佛事」를 [butji]와 [butçji]로 표기하기도 하며 「脚榻」을 [qiatat]와 [qiatatçu]로 표기하고 있다. 따라서 室町時代 말기에는 입성음 [t]가 개음화하여 [tsu]로 변화해 가는 징조가 나타나기 시작했다.

촉음 : 전술한 촉음변 이외에도 입성음 [t]혹은 입성음[t・k・p]가 모두 개음화된 チ・ク・フ가 カ・サ・ダ・ハ행과 결합하는 경우에 나타나는데 그 예를 들어 보면 다음과 같다.

別格(beccacu)　各各(cacacu)　一切(issa)　一切(ixxet)

答拜(tappai)　佛法(buppô)　七寶(xippô)　佛體(buttai)

5. 문법

1) 대명사

이 시대에는 여러 가지 새로운 인칭대명사가 생겨났는데 이것은 계급 의식이 강하게 반영된 것으로 생각할 수 있다.

자칭으로는 보통 「われ」가 쓰였는데 명사에서 전성한 「わたくし」가 대명사군에 합류하게 되었다. 이 이외에도 방향을 나타내는 대명사에서 전성된 「この方」, 「こなた」, 「こち」 등이 정중한 말투로 사용되었다.

그리고 한어계통으로 「愚僧」, 「遇老」, 「拙子」, 「愚拙」 등이 있고 室町期의 서간에 많이 사용되었다. 「おのれ」, 「みずから」 등 반사지시어를 상대를 의식해서 자기를 나타내는데 사용되었다. 「丸」는 『今昔物語』에서는 여성이 사용하였고 『平家物語集』에서는 왕이 사용하였다. 「わらは」와 「わたくし」에는 겸양의 의미가 강하게 내포되어 있고 「わたくし」를 대명사로 인식하게 된 것도 이 시대 후기부터이다.

제2인창 대명사로는 「汝」, 「なんだち」, 「汝ら」가 있으며 한어 계통으로는 「貴所」, 「貴老」, 「貴辺」, 「御辺」 등이 있고 貴様도 이 시기에 나타나 경의 의미로 사용되었다. 이 이외에 「こなた」, 「そなた」, 「その方」 등은 상대방을 존경하는 의미로 사용되었으며 「こなた」 등은 제1인칭보다 제2인칭에 쓰였고 더 정중한 어투로 「こなた様」가 있었다.

室町期에는 「この」, 「その」, 「あの」에 「人」, 「もの」 등을 덧붙여 사용하였다. 또 사람을 경멸하는 말투로는 「こいつ」, 「そいつ」, 「あいつ」, 「かいつ」를 썼다.

부정칭인 「誰」는 「たれ」를 표준어로 사용하였으나 室町期 이후에는 어두에 탁음이 붙어 「だれ」라는 형태로 쓰였던 것 같다. 다시 말해 부정칭 대명사에 「どち」, 「どれ」, 「どこ」가 쓰이고 「出で」, 「出づる」에서 「出」, 「出る」가 생겨났다.

だれが雑言申まるせうか『捷解新語・二卷』

사물・장소・방향의 지시대명사는 대와 그다지 변화가 없으며 장소의 「いづこ」, 「あいつ」, 「かいつ」를 썼다. 부정칭인 「誰」는 「たれ」를 표준어로 사용하였으나 室町期 이후에는 어두에 탁음을 붙여 「だれ」라는 형태로 쓰였던 것 같다. 사물·장소·방향의 지시대명사는 전 시대와 그다지 변화가 없으며 장소의 지시대명사는「いづこ」가「どこ」로,「いづれ」가「どれ」로 된 것은 院政期였다.

> テサ后ハイズラ、サテソノノツルハトレソ『草案集』
> トノ佛ノ御所ナセ有レ『諸事表白』
> 佛はどこより出て給ふ。 中天竺よりぞいでたまふ『梁塵秘抄 2』

2) 동사

연체형이 종지형의 기능을 갖게 되었으며 종지형으로 사용되던 어형이 없어짐에 따라 종지형과 연체형이 동일한 형태를 유지하게 되었다. 이러한 현상은 院政期가 되면 문장어에도 나타나게 된다. 모든 종류의 활용형 중 종지형과 연체형의 형태가 같아진 것은 室町期이다. 결과적으로 ラ행 변격동사가 4행 활용 동사로 바뀌어 동사의 활용형은 8종류가 되었고 ナ행 변격활용에서는 종지형의「ぬ」가 연채형의「ぬる」를 흡수하는 형태가 되었다.

> 或は券にて胸をつかれてのつけさまに倒れて死ぬものあり、……『保元物語』

이 시대에는 중고시대와 동일한 활용을 하는 경우가 많으며 종지형과 연체형이 동일한 형태를 띠게 되고 동사 뿐 만아니라 활용형 전반에 걸쳐 이러한 현상은 일반화 됐다.

로드리게스의 『日本大文典』에는 예를 들어 「与へる」, 「聞こへる」
보다 「与ふる」, 「聞こゆる」를 사용하는 것이 문장어에서 품위가 있고
힘이 있는 표현이라고 적고 있다.

起き き くる くる くれ きよ　　　(상 2단)

越え え ゆる ゆる ゆれ えよ(い)　(하 2단)

来 き くる くる くれ こよ(い)　(カ변격)

為 し する する すれ せよ(い)　(サ변격)

또 동사에 나타나는 현저한 변화는 室町期까지는 2단 활용이 표준이
었으나 그 이후 1단 활용이 일반화되었다. 平安時代 말기의『いろは字
類抄』에는 「渝」를 「かへる」로, 「經」을 「へる」로 訓을 단 예가 보이고
중세에는 「寄せる」「さびる」 등의 용례가 보인다. 그러나 이 시대에는
지금과 같이 일반화된 것이 아니고 1단화 되어가는 징조가 보일 뿐이다.
　　로드리게스의 『日本大文典』에는 「あげる」「求める」「届ける」「与
へる」「見せる」 등 하 1단 활용이 사용되었다. 원래 4단 활용을 해야할
동사가 2단 활용을 하는 예도 나타나고 있다.

　　みよし野のふる郷人も君すめば又にぎはふる時にあふらし『李花集』
　　よろづよとよばふる声はみよし野の吉野の山の神のつげかも『李花集』

サ행 변격활용동사인 「する」는 주로 복합동사에 사용되며 平安時代
부터 용례가 보이기 시작하여 平安末期『今昔物語集』에 매우 많은 용
례가 나타난다. 중세 漢文 訓讀文系의『平家物語』, 和文系 작품인『徒

然草』등에도 용례가 보인다.

> 唐稿中將といふ人の子に、行雅僧都とて、教相の人の師する憎あり
> けり『徒然草・4, 2단 활용』
> サテモ文忠ノ膝上に置テ愛シラレシモノカ『四河入海 22, 상 1단 활용』

『徒然草』에서는 위 예문과 같이 4단 활용 또는 2단 활용을 하던 것이
室町時代가 되면 상 1단 활용을 하는 예가 보인다.

「す」는 형용사의 연용형에 붙으며 명령형은 室町時代에 하 2단 カ행
변격 サ행 변격 동사에서 어미가 「よ」이외에 「い」로 되는 현상이 생긴
다. 또 동사의 어미에 존경의 조동사가 붙는 용법도 생겨났다.

> 人の心みな改まりて、ただ馬鞍をのみ重くする。『方丈記』
> 上を重んじて、下を又軽んずることなかれ。『日本大文典』
> この事が外へ聞こえぬやうにせい。『天草本伊曽保物語』

이 「す」가 室町時代가 되면 「重んず」와 같이 사용하는 용례가 나타
나고 로드리게스의 기록에 의하면 명령형 어미에 「ろ」를 붙여서 사용하
는 용법은 중세에는 關東地方, 九州의 長崎・佐賀・熊本地方에서 사용
되었다. 또한 鎌倉時代의 『塵袋』와 室町時代의 『天正日記』등에도 그
예가 나타난다.

3) 형용사

형용사의 연용형에 나타나는 ウ音便은 일반적으로 사용되었고 연체형 イ音便은 「ほしいまま」, 「にくいけ」 등 숙어 이외는 의외로 숫자가 적다. シク활용의 종지형 어미에 「し」가 접속되어 「ーしし」의 형태가 사용되었으며 어미 「ーき」 「ーい」로 변화한 용례도 있다.

秋ふかみよ風はけししむへしこそよもの里人衣うつなれ。『東塔』東谷歌合』
家づとにさのみな折そ桜花やまの思はむことも優しし。『藤原基俊家集』
ねつたい、さらば景李もぬすむべかりける物を。『平家物語・9』

室町期에 와서는 音便形 「い」 「しい」가 종지형의 기능을 발휘하게 되었으며 ク・シク활용의 구별이 없어져서 「ク・ク・イ・イ・ケレ」로 활용하게 되었다. 특히 「ござる」에 접속될 때에는 「ウ」만이 쓰였으며 天草版 『平家物語』와 『伊曽保物語』에는 「ク」에 접속되는 용례가 없다. 또 「う」의 형태는 nago(長う), curo(黒う), curoxǔ(苦しう)와 같이 才段 또는 ウ段의 장음이었다. カリ活用도 미연・연용・연체형이 사용되었다.

『發心集, 3』의 예문에 보이는 것과 같이 이 시대에는 형용사에 접두사 「お」를 붙여서 존경을 나타내는 용법이 생겨났다.

4) 형용동사

「ナリ活用」「タリ活用」의 두 종류가 보인다. 형용동사의 연체형「な る」의 말음「る」가 탈락되어「な」로 된 ナリ活用의 용례는 이 시대 초 부터 나타나고 室町期에는「ーな」형태가 많이 쓰였으며 이들은 종지 형으로 사용되었다.

> 必ずしも情けあるとすぐなるとを不愛。『方丈記』
> ふたつ文字件の角文字直ぐな文字ゆがみ文字とぞ君は覚ゆる。『徒然 草, 26단』

タリ活用은 ナリ活用보다 늦게 생겨났으며 대부분 한자어와 함께 쓰 였고 室町末期에는 文語 이외에는 사용되지 않았다. 口語에서 굳어진 표현으로「何たる」가 보일 정도이다.「ナリ활용」을 표로 나타내면 다 음과 같다.

[ナリ활용]
なら なり なり なる なれ なれ
　　に　な
　　で　な
　　　ぢゃ

タリ활용은 ナリ활용보다 늦게 생겨났으며 대부분은 한자어와 함께 쓰였고 室町時代에는 문어 이외에는 그다지 사용되지 않았다. 구어에서 굳어진 표현으로「何たる」가 보이는 정도이다.

瀝瀝タル風ノ音に人間迷情ノ夢ヲ醒シテゾ。『太平記, 32』

　室町時代의 구어문헌에는 그 용례가 거의 없으며 謠曲에는 그 용례
가 나타난다. 이것은 謠曲의 문체가 문장어의 성격을 강하게 띠고 있기
때문이다. 이 [タリ활용]을 정리해 보면 다음과 같다.

　　[タリ활용]
　　<u>たら</u>　<u>たり</u>　たり　たる　<u>たれ</u>　<u>たれ</u>
　　　　　　と
　　(ナリタリ활용 양자 모두 밑줄 친 부분은 구어자료에는 사용되지 않는다.)

5)　　조동사

　이 시대의 특징으로는 한독 훈독어법 영향으로 사역의 「しむ」가 많
이 사용되고 「す」, 「さす」에 준하는 「さしむ」의 형태가 생겨났다. 연체
형이 종지형의 기능을 겸하게 되었으며 가능의 「る」, 「らる」는 중고시
대에 부정어를 동반하여 불가능을 나타내는 경우에만 사용되었다.
　院政期부터 단독으로 가능의 의미를 나타낼 수 있게 되었고 室町期
에는 수동, 가능, 존경 모두 「るる」, 「らるる」의 형태로 고정되었다. 때
(시간)의 의미를 나타내는 조동사 「き」, 「けり」, 「り」, 「つ」, 「ぬ」, 「た
り」 중에서 「たり」, 「つ」를 뺀 다른 단어는 구어에서 사용되지 않게 되
었다.
　「キ」는 연체형 「し」가 꽤 오래도록 사용되었는데 종지형과 이연형은
곧바로 소멸되었고 이 연체형 「し」도 문장어적 성격이 강하여 일상회화

에서는 사용되지 않았다. 『天草本伊曽保物語』에는 다음과 같은 예문이 있는데 문장어적 성격이 매우 강하다.

> これをマシモプラヌーといふ人、ゲレゴの言葉よりラチンに翻訳せ
> られしものたり

「けり」는 조동사 「つ」와 연결되어 「てんげり」로 사용되는 경우도 있었으며 鳥丸光広의 『耳底記』에는 「なりにたり」를 「なりにんたり」로 읽도록 강조하고 있는 것을 보면 이 당시에는 「ん」음을 덧붙이는 현상이 있었던 것 같다. 그러나 이 용법은 室町時代 이후에는 그 용례를 찾기가 어렵다.

> 何事も六波羅様といひてんげれば、一天四海の人皆是をまなふ。『平
> 家物語, 1』
> 思ヒテグヲス程に、礼ノ病オコリテ、落入テムゲリ。『沙石集, 3』

이 세대에는 「たり」와 「たりける」에서 전성된 「たける」의 형태가 사용되었는데 이 형태가 다시 전성되어 현재 「たっけ」의 형태가 쓰이고 있다.

「ぬ」, 「り」는 室町時代 이후 구어자료에는 별로 나타나지 않는다. 『天草本伊曽保物語』에 「生きとし生けるもの」라는 용례가 나타나기는 하나 이것은 관용구의 성격을 띠고 있어 「り」의 연구 자료로 부적당하다. 원래 이 「ぬ」는 ナ행 변격 동사에는 후속되지 않는 낱말이었는데 院政期부터 그 상용례가 나타나고 있다. 이 「ぬ」, 「ぬり」는 平安時代에는 의미를 구별하여 사용하였지만 「ぬ」가 일상회화에서 사용하지 않게 되자 이 둘의 구별

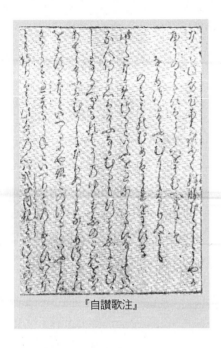

『自讃歌注』

이 없어지게 되었다. 宗祇 (1421-1502)의 『自讃歌注』를 보면 다음과 같은 기록이 있다.

つるといふことはかならず過去ならねといへり。そのたぐびいかほども侍り。＜中略＞つるはぬるといはん事をことばつよくてあしければつるといへるなり。又過にしかたをつるといふことも侍るべし。

위의 기록에 「つ」, 「ぬ」의 구별은 「ことばつよくてあしければ」라는 정도로 구별하고 있는 것을 보면 이 둘의 의미 차이는 없었던 것 같다.

앞서 설명한 「けり」 역시 宗祇의 『詠歌大概注』에 다음과 같은 대목이 눈에 띈다.

たちとまりつれと云本多分あり。堯孝法印の自筆の本にけれとあり。けれにてもこころおなじ。しからばけれはまさるべきか。

이것은 「つ」와 「けり」의 의미가 동일하다는 것을 보여주는 좋은 예문인데 이 노래에 대한 주석에 「けれ」라는 표현을 사용한 것은 당시

「つ」와 「けり」를 같은 의미로 생각했기 때문일 것이다. 이와 같이 「け
り」와 「ぬ」의 의미가 「つ」와 구별하기 어렵게 된 것은 일상회화에서는
사용하지 않게 되어 이들의 의미를 이해하기 어렵게 되었기 때문이다.
이와 같은 관점에서 보면 이 당시에는 「き」, 「り」, 「たり」 세 낱말은
의미를 구별하지 않고 사용하였다는 사실도 알 수 있을 것이다.

　로드리게스의 『日本大文典』에도 과거를 나타내는 「つ」가 조동사로
사용되었으며 「たり」는 이 시대에 가장 많이 사용되었다. 「たり」는 「け
り」, 「き」, 「ぬ」, 「り」가 나타내는 모든 의미를 나타내게 되며 『天草本
平家物語』에는 「なりけり」, 「きりき」, 「にき」, 「にけり」 등 두 개 이상
의 조동사를 복합해서 「た」, 「たり」 등 한 개의 조동사로 표기하고 있다.

　또 「つ」에 현재의 추측의 의미를 나타내는 조동사 「らむ」가 접속한
형태로 사용되었는데 『百二十句本平家物語』에는 「けむ」라는 낱말이
사용되었다. 따라서 이 용례를 보면 「つらむ(らう)」는 과거추측의 의미
를 가지고 있는 「けむ」의 의미가 사용되었다는 것을 알 수 있다.

　「추측」의 의미를 나타내는 「まし」, 「けむ」, 「めり」는 鎌倉期 이후에
는 사용되지 않았으며 추측의 조동사 「む」는 「う」의 형태로도 사용된다.
이 「む」의 변화 형태는 「ん」으로 비음화한 후 모음 탈락의 과정을 거쳐
「う」로 정착된 것으로 보인다. 「う」를 사용한 용례는 平安時代 문헌에
보이는데 그 과정은 「む」가 비음 「ん」으로 변화되어 다시 이것이 「う」
로 변화하였다고 추측된다. 「う」는 室町時代가 되면 동사의 어미에 모음
과 결합하여 장음화 현상이 일어난다. 「う」가 생겨남에 따라 중고시대
「むず」가 변화하여 「んず」가 되고 이것이 「うず」로 되었다. 「らむ」 역
시 「らう」로 변화한 후 「うずらう」, 「つらう」의 형태로 변화되었다.

妓王が申しすすむるによって見参はしつ。『天草本平家物語』
草のかげでもさこそなごり惜しう思はれつらう。『同』

『天草本平家物語』에는 「射ようずる」를 [iyôzuru]로 표기하였다. 「よ
う」는 「射る」, 「居る」 등 ア・ウ행의 상1단 활용 동사와 접속할 때 나타
난다. 그리고 추측의 조동사 「げな」가 생겨났으며 중지법은 「げで」이다.

　　　あれはこの者はなほ意趣がござるがな。『天草版平家物語・4』
　　　水ガ流ルルゲデ声ガスルゾ。『四河人海・一』

「らし」는 平安時代에 이미 고풍의 언어로 인식되고 「らむ」가 이것
대신에 쓰였다. 이 「らし」는 고어적 감각과 함께 장중한 의미를 내포하
는 낱말로 인식되었다.

　　　あけの玉墻神さびて、しなはのみや残るらん。『平家物語・2』
　　　春のゆふべを来て見れば、いりあひの鐘に花や散らん、花や散ら
　　　ん。『謠曲・道成寺』

위의 예문에서 「らむ」는 추측의 의미로 해석할 수 없다. 그 이유는
「らむ」가 이 시대에는 추측의 의미 이외에도 현실 상황을 완곡하게 표
현하는 새로운 용법이 생겨났기 때문이다.
「べし」는 상1단 활용에 「見べし」, 「似べし」와 같이 접속되는 용법이
많아졌으며 확실한 의미를 나타내는 「つ」와 결합하여 「つべい」, 「つべ
しい」의 형태로 나타났다.

ヨクヨクココロヱベシ。『論語抄』

義經も着かへべき鎧もなし。『義經記・4』

雨原憲が榀を溫ほすとも言ってつべしい。『天草版平家物語・4』

「つべい」는 강한 가능의 의미를, 「つべしい」는 당연의 의미로 많이 사용되었으나 「つべしい」는 구어에는 거의 나타나지 않는다.

부정의 이미를 나타내는 조동사로 「ず」, 「ざる」가 쓰였고 과거 형태로는 「ざった」가 사용되었다.

ドコデモ用ラレナンダゾ。『史記抄』

涙せきあへなんだれば見るも袖をしぼった。『天草版平家物語・4』

室町期에는 연용형 「ず」가 종지형으로 변화되었고 「なんだ」는 부정의 의미를 지닌 「なん」에 과거를 나타내는 「た」가 붙어서 생긴 것이다.

한편 관동지방에서는 부정을 나타내는 의미로 「あげない」, 「読まない」와 같이 「ない」를 사용하였는데 이것은 상대시대에 「なる」가 「ない」와 결합하여 생겨난 것으로 보고 있다. 부정의 중지법으로는 「ずして」를 사용하였는데 室町期에는 「で(すで의 축약)」의 바로 앞 모음이 비음화하여 「いで」가 되었다.

추측의 부정을 나타내는 「まじ」는 鎌倉期에 나타난 音便 「まじ」와 함께 종지, 연체형으로 「まい」가 나타나 함께 쓰였고 「じ」는 소멸되었다. 중고시대에 나타난 「まほし」는 鎌倉期에는 쇠퇴하고 「たし」가 나타나게 되었다. 「たがる」는 「たし」의 어간에 접미사가 붙은 것으로 鎌倉期부터 나타나기 시작하여 室町期에 널리 사용되었다.

지정의 조동사로는 「なり」, 「たり」, 「である」, 「であ」, 「ちや」 등의 語가 사용되었으며 「である」, 「であ」, 「ちや」는 이 시대에 생겨난 것이다.

로드리게스의 『日本大文典』의 설명에서도 잘 알 수 있듯이 dearu(である), dea(であ), dia(ぢや) 로 변화한 것을 알 수 있고 東国系의 抄物에는 「だ」의 사용례도 보인다.

```
であら  であっ  であり  である  であれ  ○
        であ    ぢゃ
        ぢゃ
```

「たり」는 「とあり」가 복합하여 성립된 낱말이며 「なり」는 전대와 마찬가지로 많은 용례가 눈에 띈다.

```
なら  なり  であり  なる  なれ  ○
      なっ  な      な
      に
```

비교의 조동사 「如し」는 첨자로 그 용례가 보이지 않으며 室町時代에는 「如くな」, 「如くに」, 「如くの」, 「如きの」 등이 사용되었던 것에 불과하다. 그러나 이것을 대신하여 「様な」, 「様に」가 흔히 사용되었다.

6) 조사

격조사 「が」 「の」는 술어가 영탄의 의문을 나타낼 때 한정되어 사용되며 총체적으로 보면 주격에는 「が」, 연체격에는 「の」가 쓰이는 경향이 점차적으로 나타나고 원망의 대상을 나타낼 때도 사용된다.

> われが身は竹の森にあらねどもさたがころもをぬきかくるかな。
> しかしかの人の参らせ給ひたり。

이 두 조시는 尊卑의 구별이 있었던 것 같다. 로드리게스의 『日本大文典』의 기록에는 다음과 같이 기록되어 있다.

> が：この格辞は丁寧な言い方を為る場合の主格に用ゐる物であって、それの接続する名詞が意味する者を碑下する。第一人称に用ゐる、又低い地位の第三人称に用ゐる。従ってまた、主人が低い身分の召使と話すときにもこれを使ふ。
> の：関係句の中で第二人称及び三人称に用ゐる、それ自身ある敬意を含み、或いは少なくとも軽蔑の意の助辞である。

이 이외에도 『日葡辞書』에는 「が」에 대한 겸손한 의미로 이야기할 때 사용하는 인칭어라고 되어 있고 다음과 같은 용례도 나타나 있다.

> 汝がもとどりと思べからず。
> 主のもとどり思ふべし。

위의 예문에서 보는 것과 같이 이 시대의 언어 의식에 주의할 필요가 있다.

「へ」는 원래 동작의 방향을 나타내고 귀착점을 표시하는 의미를 갖는

「に」와 구별되었는데 그 의미의 범의가 점점 넓어져서 이동성이 없는 동작의 목표, 동작이 작용하는 장소를 나타내는 의미까지 확장되어 사용되었다.

「より」는 비교의 표준을 나타낼 때 「から」는 동작의 출발점을 나타내는 데 많이 사용되는 경향이 있다. 「にて」의 대용으로 「で」를 사용한 것은 중고시대 말기에서 院政期 사이이다. 접속조사로는 「か」, 「に」, 「を」가 쓰였으나 「を」는 별로 사용되지 않고 「か」와 「に」가 주로 쓰였다. 가정 조건을 나타낼 때 접속조사 「ば」를 미연형에 붙였으며 형용사의 미연형과 「ず」, 「ことく」 등과 같이 ウ단음의 밑에는 「なくは」 「ずは」 등과 같이 [ha]를 [wa]로 발음하고 중간에 撥音이 개입되면 「なくんば」 「ずんば」 등으로 되었다. 지정·완료의 조동사에 붙는 「ならば」 「たらば」는 조사로 되었다. 「ばし」는 이 시대 초에 나타나 접미어적인 용법으로 사용되었으며 조건·의문·추측·금지 등을 나타내는 句 속에 나타나는 경향이 있다.

계조사 「なむ」는 일찍부터 쇠퇴하기 시작하여 鎌倉期에는 거의 사용되지 않았다. 「ぞ」, 「や」, 「か」 등의 연결사(係り)에 대하여 종지형이 연체형으로 끝나는 법칙도 정지·연체 양형태가 동일한 형태로 변화함에 따라 연결사(係り結び)의 역할도 없어지게 되었다.

「こそ」에 대하여 已然形로 문을 종지시키는 법칙도 院政期부터 혼동되기 시작하였고 室町 末期까지는 연결사 법칙이 자주 쓰였다. 종조사 중에서 금지를 나타내는 「な」는 원래 종지형에 접속되었으나 이 시기에는 2단 활용의 미연형에 접속되는 경향도 나타났다.

　　笞らせられな。『天草版平家物語』

「もがな」의 형태로 사용된「がな」는 室町末期에는 직접체언에 접속할 수 있게 되고 명령·금지를 나타내는 말에도 접속되어 희망의 의미를 나타냈다.

長繩がな春を繋ぎとむべきに『中華若木時抄·7』
習ふながな。『日本大文典』

「は」의 사용이 전 시대보다 더 활발해 졌으며 종조사「の」,「なう」도 쓰였고 광언에는「な」,「わ」등도 나타난다.

「つつ」는『手爾葉大概抄』에 자세히 설명되어 있으며 이것은 두 가지 동작을 병행한다는 의미를 나타낸다. 이 시대의 구어자료인 抄物에는 이러한 용법이 간간이 나타나나 이것은 구어에 사용된 것이 아니라 문어의 영향에 의한 것으로 보고 있다.

로드리게스의『日本大文典』에는 Tçutçu(つつ)가 상태 동사의 의미를 갖는 때에는 행하는 동작의 과정을 의미한다. Mitçuçu(見つつ)는「見て」, 「見ながら」,「見てゐて」,「見るに」의 의미를 갖고 있다.

중세의「つつ」의 의미는 당시의 구어 자료인「抄物」에 그 예가 보인다. 그러나 이것은 구어에서 사용된 것이 아니고 문장어의 영향이라는 설도 있다. 이것은『天草本伊曾保物語』등 구어자료에는 단 한 건의 예문도 보이지 않고 있는 것을 근거로 로드리게스도 문장어로 보고 있다.

부조사「だに」,「すら」,「さへ」중에서「すら」가「そら」로 변화되어 점차 소멸되어 가며「さへ」가「だに」의 의미로 사용되는 용례가 많다. 「さへ」는 원래 첨가의 의미를 가지고 있었으나 이 시대에는「だに」,「す ら」가 갖고 있는 의미를 대신하게 되었다.「だに」,「すら」,「さへ」모두 사용 빈도수가 줄어들게 되었고 구어문헌에는 「さへ」가 비교적 많이 사용되었다. 「すら」는 전 시대와 마찬가지로 한문 훈독적 색채가 강한 문장에 사용되었는데 이것은 서서히 「だに」의 의미를 대신하게 되었다. 따라서 室町時代에는 「だに」, 「さへ」만이 유사한 의미를 가진 낱말도 인식되었다. 이러한 사실은 宗祗의 『長六文』에 기록된 내용 중 「さへというふ詞、大方、だにといふに等しく……」에서 알 수 있다.

係助詞 「は」, 「も」, 「ぞ」, 「か」, 「こそ」는 이 시대에도 사용되었는데 「なむ」, 「や」 등 두 낱말은 회화체 언어에서 사라져 갔다. 로드리게스의 『日本大文典』에는 이 「や」에 대하여 「Ya(ヤ)は話しことばよりも書きことばに多く用ゐる」라고 쓰고 있다. 平安時代 「か」, 「や」가 의문의 의미를 가지고 있다는 근거는 『正撤物語』에 「忘れぬやさは忘れけり我が心夢になせとぞいひ別れし」라는 노래에 대하여 「耕雲申し侍りしは忘れぬやとは人に対して忘れたるかと問ひたる心や」라고 대꾸하고 있는데 이것은 「忘れぬや」→「忘れたるか」라고 해석하는 것이 타당하다. 따라서 「や」보다는 「か」를 의문의 의미로 인식하고 있었다고 볼 수 있다.

문말연결사(係り結び)는 이 시대에 「ぞ」, 「なむ」, 「や」, 「か」의 연체형으로 끝나는 것은 활용형의 종지형 및 연체형이 통합되었다고 보기보다는 표현 가치를 잃어버려 서서히 혼란을 거듭하였다고 볼 수 있다. 이연형으로 문을 종지시키는 「こそ」는 앞에서 예를 든 4개의 문말연결사와 같은 정도로 혼란된 상태는 아니지만 平安時代의 규칙에 맞지 않는 예도 나타나게 되었다.

종조사·간투조사: 이 시대에는 「な……ぞ」의 「な」가 떨어져 나가고 「ぞ」만이 금지를 나타내는 용법이 나타났다. 이 용법은 平安時代에도 있었다.

我兄子が振りさけ見つつ歎く清き月夜に雲たなびきそ。『古今和歌六
貼・1』

이러한 용법은 鎌倉時代 서서히 나타나기 시작하여 室町時代에 일반
적으로 사용하였다. 바람을 나타내는「ばや」는 이 시대에도 많은 사용
예가 보인다.

このぢやうでは舞もさだめてよかるらむ。　一番見ばや。『平家物語』
旅人の一人二人にては渡し申すまじく候間。人々相待ち渡さばやと
存じ候。『謡曲・黒田川』

바람을 나타내는「ばや」는 이 시대에 일반적으로 사용되었는데 鎌倉
幕府 時代에는 자기의 심정을 표현하는 경우가 많았고 室町時代가 되
면 바람의 의미를 표현하기보다 의지의 표현「う」가 사용되었다. 그러
나 이「ばや」는 존경의 의미를 나타내기도 하였다.
「かし」는 전 시대에는 문을 끝맺는 낱말이었으나 이 시대가 되면 그
용례는 거의 찾아볼 수가 없으며 다만 문말에 붙어서 문을 장식하는 역
할밖에 하지 않았다.

7) 　경어

체언의 첫머리에 붙는 존경의 접두사는 전 시대와 같이 고유어와 한
어에 적용하는 용법이 달랐다. 그러나 室町時代에는「お百姓」,「おん無
沙汰」등 한어에「お」나「おん」을 붙이는 것도 있고「ご気遣ひ」,「ご掟」

와 같이 고유일본어에 「ご」를 붙이는 현상도 나타났으며 드물게는 「ご告げ」, 「お告げ」, 「お返事」, 「おん返事」 등과 같이 세 가지 형태의 접두사를 붙일 수 있게 되었다. 이 시대에 사용된 접두사의 존경도를 순서대로 나열해보면 「尊」, 「貴」, 「芳」 등의 순이고 이 중 「芳」의 존경도가 가장 낮다. 접미어의 존경도는 「様」, 「公」, 「殿」, 「老」 등의 순이며 여성에게만 사용하는 「ごぜん」, 「ごぜ」 등이 있다. 경멸하는 말투로서는 「め」가 있으며 「西光め」, 「奴め」 등과 같이 고유 일본어에 붙여 사용한다.

① 존경어

동사의 존경어법으로 가장 일반적인 것은 동작성의 한어 또는 동사의 연용형에 「ある」, 「なる」가 첨가되고 「ご」, 「ぎょ」, 「お」, 「おん」 등을 붙여 「行きある」, 「お帰りある」 등과 같은 말투도 사용되었다. 이것은 동작을 나타내는 표현법으로 간접적으로 동작을 표현하는 것으로 보아 존경표현으로 사용되었을 것이다. 室町期가 되면 「ある」는 조동사의 성질을 띠게 되고 경우에 따라서 선행음절의 말미모음과 결합하여 「やる」로 변화되고 이것이 다시 조동사 「やる」로 독립하게 되었다.

石を取って……その容にお隠しやれ『天草本伊会保』

경어 동사의 「あそばす」, 「めす」, 「きこしめす」는 전 시대와 똑 같이 사용되었으며 「きこしめす」에서 변화한 「こしめす」의 형태가 나타났다. 이 들 중 「きこしめす」 쪽이 존경도가 더 높았다.

『日葡辞書』에 「おしゃる」를 「仰せある」의 축약으로 설명하고 있는 것도 「御ーある」의 형식으로 볼 수 있다. 「御ーある」의 형식에서 「ご

ざある」,「ござる」,「おりゃる」,「おぢゃる」が 생겨나 室町時代에 많이 사용되었다. 이 이외에도「くださる」,「給はる」,「たもる」,「なさる」등의 경어조동사가 많이 사용되었다. 또 室町期에는「します」,「さします」등의 경어 조동사가 있었으며 명령형에는 4단 ナ행 변격 동사의 미연형에「い」를 그 이외의 활용에는「行かい」,「見さい」등의 말투도 있었으나 존경의 의미는 미약하였다.

② 겸양어

「参らす」는 전 시대에도 사용되었으나 鎌倉期에는「まゐす」로 되었고 동사 또는 보조동사로 사용되었다. 동사로는「おまあする」라는 말투도 나타났으며「致す」,「仕る」,「申す」등이 사용되었다.

> キレイナ物ヲ廟エエマラスルゾ、佛ニ香ヲマラスル心ト同ゾ。『玉塵,25』
> 君ヲシタシミマラスル事ハナイゾ。『毛時抄,2』
> タダ此一句ヲカイテヲマラスルと云タゾ。『玉塵,14』

이들은 겸양의 조동사로서 鎌倉幕府 時代에 빈번하게 사용되었으며 室町時代에는 그다지 사용되지 않고 書簡의 용어로 고정된 것과 関東地方과 九州地方의 남부에서 사용되었다.

③ 공손어

전 시대의「候」는 이 시대에「侍り」를 대신하여 공손어의 동사·보조동사로 흔히 사용되었다. 그러나 말기에 이르러 구어에서는 사용되지 않고 서간문에서만 사용하게 되었다. 이 어형은 「さう」, 「そう」로 변형되고 「そう」는 「す」로 되었다. 이 「す」가 조사 「で」와 결합하여 「です」의 형태가 되었다. 그러나 狂言에 나타나는 「です」는 공손어로만 사용되는 현대어와는 차이가 있다. 이 이외에도 「ござある」, 「ござる」, 「おりゃる」, 「おぢゃる」 존경어에서 전성되어 공손의 의미를 나타내는 동사와 보조동사로 사용되었다. 부정은 「ぬ」를 붙여서 사용하는 것 이외에도 「ない」가 사용되기 시작하였다. 겸양의 「まらする」도 공손의 보조동사로 사용되는 경우가 많았다.

6. 어휘

어휘에도 커다란 변화가 일어났다. 우선 일상어와 통속어가 표면에 나타났다. 한어는 널리 통속화되어 사원에서는 한자와 한문의 교육이 행하여져 往来物라는 교과서도 나타나게 되었으며 室町期에는 『下學集』, 『節用集』 등 통속적인 사전이 몇 종류 만들어 졌다. 이와 같이 이 시대에는 한어를 존중하는 경향이 뚜렷했으며 和制 한자어도 생겨났다.

한자와 한어의 보급에 따라서 사전도 편찬되었다. 이 시대의 초기에는 『類聚名義抄』, 『色葉字類抄』, 『字鏡集』, 『明語記』 등이 있는데 이 중에는 부호를 써서 억양을 표시한 것이 있는데 이것은 중요한 자료가 된다. 室町時代에는 『科学集』를 비롯하여 『溫故知新書』, 『運歩色葉集』과 여러 종류의 『節用集』 등의 자료를 집성한 크리스천판인 『落葉集』도 있다.

① 和語

平安時代 말경부터 『古今和歌集』의 註釋을 다는 것뿐만이 아니라 고어의 연구도 활발하게 진행되었다. 室町期에는 宗祇의 『分葉』과 같이 낱말 중심으로 제작된 것과 紹巴의 『匠材集』과 같이 고어를 イロハ순으로 배열한 사전도 제작되었다. 「す」의 항에는

　　すたく　　あつまる也
　　すさむる　めてたて也

등으로 기록되어 있는 것을 보면 일상어와 和歌를 구별하는 의식이 있었다.

② 한어

한어는 일본에 많은 비중을 차지하게 되었다. 戰記文學과 같은 작품에 한자의 양이 많아졌으며 이 시대의 특징으로는 강력한 표현을 많이 하기 위해서 한자어가 적합하였다. 한자어를 존중한 일면에는 일상적으로 사용하던 회화체 언어를 자유롭게 쓰려는 경향도 있어 狂言이나 抄物에는 이때까지 쓰이지 않던 기록체 언어들이 나타난다.

◇ 和製漢語
　　大根(おほね), 火事(ひのこと), 尾籠(をこ), 返事(かへりこと)

◇ 한어의 말미를 활용시킨 것
　　乞食(こつじく), 敵対(たきたふ), 問答(もんだふ)

◇ 한어를 그대로 부사로 사용하는 것

善悪(必ず,どうしても), 端的(ただちに), 如法(あたかも), 活定(必ず), 是非(ぜひ)

◇ 唐音의 낱말

饅頭(まんぢゅ), 豆腐(たうふ), 羊羹(せうかん), 暖簾(のれん), 椅子(いす), 行絆(きやはん)

접속사는 원래 다른 품사에서 전성된 것이 많은데 이 시기에 새롭게 나타난 낱말도 다수 있다.

かうように, さうあるに, あるが, あるを, あれども, したに, したを, したほどに, したけれども, するが, するを , ぢゃが, ぢゃ程に

③ 女房詞

惠明院宣守의『海人藻芥』의 기록에는 이 女房詞는 궁에 사는 여자들이 사용하던 말이었으나 후에 이런 말들은 장군기의 여자들이 사용하게 되었다고 전한다. 이 女房詞는『大上﨟御名文事』,『日葡辭典』에 상당수가 수록되어 있다. 일상적으로 사용하는 낱말에「もじ」를 덧붙인「文字詞」도 있다.

そもじ(そなた), はもし(恥ずかしい), すもじ(鮮: すし), しゃもじ(鱈: タラ)

이외에 다음과 같은 것이 있다.

おかず(菜: サイ), 浪の花(塩), おひや(水), かちん(餅), おつけ(汁), む
らさき(鰯: いわし), ゆき(鱈: タラ)

女房詞가 일반화된 것은 이 말이 품위 있는 말로 변화되었기 때문이
다. 狂言에도 남성어로 「おひやし」, 「はもじ」 등이 사용된 것을 보면
이런 현상은 이미 室町時代부터 변화하기 시작했던 것으로 보인다.

일본어의 역사

제5장

근세

德川家康가 江戶幕府를 연 1603년에서 明治維新까지 약 2백 6, 7십 년 간을 일본어 연구사에서는 근세라고 부른다. 이 시대는 각종 제도가 확립되고 신분제도가 고정된 시대이며 京·大阪(大坂)·江戶 등 대도시가 형성된 시기이기도 하다. 근세는 江戶 중심의 신흥문화를 기준으로 전기와 후기로 나누어 생각할 수 있다. 전기는 元禄期를 중심으로 한 大阪 중심의 시대이며 후기는 明和·安永에서 文化·文政期가 중심이 된 江戶 중심의 시대로 볼 수 있다.

당시 무사의 말과 町人의 말은 서로 달랐다. 町人이라고 해도 상층의 町人과 하층의 町人 사이에도 서로 다른 언어를 사용했다. 職人의 말은 町人의 말과 동일했고 농민은 각자 자기 지방의 말을 사용했다. 이 시대에는 遊女의 말도 있었는데 일반 사회의 말에도 커다란 영향을 미치게 되어 무시할 수 없는 존재가 되었다.

江戶時代 후기가 되면 上方語(京阪)와 江戶語의 대립은 근대어의 커다란 특징으로 볼 수 있고 로드리게스의 견해를 보더라도 동사간의 차이는 중앙어와 지방어의 차이로 볼 수 있다. 江戶時代 후기가 되면 양자는

서로 대립관계를 유지하여 직접 현대어와 연결되는 양상을 띠게 된다.

江戸는 德川의 「江戸御打入り」(1590) 이후 급속하게 발전한 도시로 인구가 약 50만명(1609)였다고 한다. 江戸語가 세력을 얻은 것은 江戸後期이고 전기는 上方가 문화의 중심이 되었고 이 시기는 역시 上方語가 세력을 유지하고 있었다.

1665년까지는 각 지방이 잡거하는 형태를 띠고 있었는데 1661년 경부터 정리되기 시작하였고 사용하는 언어에도 변화가 일어나 상층은 上方語系, 関東은 江戸語系의 말이 사용되었다. 그러나 이러한 사실을 증명할 수 있는 자료는 지극히 적으며 東国系 抄物『三河物語』(1622), 『雑兵日記』 등이 간신히 명맥을 이어 올 뿐이다.

『雑兵物語』

1. 문자

1) 문자

江戶幕府가 퇴계학을 중심사상으로 정하여 일본의 국가 교육정책을 펼쳐감에 따라서 중세보다 교육정도가 높아지고 鎌倉幕府時代의 무사들은 글은 쓰고 읽지 못하는 경향이 많았지만 근세의 무사들은 글을 쓰고 읽을 수 있는 사람들이 많아졌다. 각종 서적『節用集』등 필사를 한 사전이 널리 사용되었으며 사전의 필사는 幕府가 유교사상을 중심으로 한 정책을 채택하기 위한 이유도 있어 한자·한문의 교육은 서민 계급까지 보급되었고 宛字도 많이 사용되었다. 또 가나규범으로는 定家가나즈까이가 쓰였다.

그러나 근세가 되면 契沖의『字正濫鈔』가 발표되었는데 이것은 歷史的가나즈카이를 설명한 것으로 일본의 국학자들 사이에는 애용되었지만 널리 사용되지는 못 하였다. 定家가나즈까이와 契沖가나즈까이는 철자법이 서로 다른 것이 특징이다. 西鶴과 近松, 三馬, 春木, 坂本의 작품은 契沖가나즈까이를 사용하였다.

탁점은 전기 上方語에서 꽤 많이 사용되었으나 반탁점은 사용되지 않았다. 이 반탁점은 크리스천들이 사용하던 것들이었는데 이것이 일반 대중에게 사용되기 까지는 꽤 많은 시간이 걸렸다.『好色一代男』에 泥龜, 一杯와 같은 표기가 나타나는 것은 대단히 경이로운 일이며 江戶幕府 후기가 되면 현재의 철자법과 거의 동일하게 되었다.

室町末期의 크리스천들에 의해 전해진 로마자는 그리스도교의 금지령과 함께 없어졌지만 江戶 중기 무렵부터 蘭學이 생겨나서 네덜란드어

풍의 로마철자가 사용되었고 幕府 말기에는 영어풍으로 바뀌었으며 그
후에는 헤본식에 가까운 철자법도 생겨났다.

2) 문체

한자·기록문체·화한혼합문체 등이 사용되었으나 기록문체는 점점
쇠퇴되고 候문체는 주로 서간문에서 사용되었다. 중기 이후 고전의 연
구가 활발해 짐에 따라 국학자들은 平安時代의 문장을 문장체 언어의
규범으로 정하고 문법·국어(일본어) 등이 平安期 언어의 격에서 벗어
나지 않도록 노력을 기울였다. 많은 양의 고전 주석과 수필 등을 모두
가나 문으로 표기하였는데 이것은 雅文 또는 擬古文으로 불리고 있었으
며 이러한 문체는 국학자들 사이에만 쓰이고 있었다.

> 此兄弟の王の御心ぞ、都漢土の聖の御心ともいふべし。『雨月物語』
> そがままにかへされしぞうらみなれ。『同』

여러 가지 문체 가운데서 가장 많이 사용된 것은 和漢混合文體이며
대표적인 것으로 仮名草子와 浮世草子 그리고 독본류이다. 이들은 한문
훈독조가 강한 것과 和文調의 색체가 강한 것이 있다. 당시의 문장어는
고풍을 지키려고 노력했으나 회화체 언어와는 큰 차이가 있었으며 문말
의 연결사 등도 다른 형태로 사용되었다.

上方前期의 酒落本과 江戸幕府 後期의 滑稽本·人情本 등은 회화체
로 기록하였고 浄瑠璃·歌舞伎·黄表紙 등도 여기에 속한다. 이 중에
는 京都·江戸 이외의 방언을 기록한 것도 있으며 心学関係의 道話와

불교 관계의 法語 등도 회화체 언어를 기록한 것으로 모두 구어자료로
서 대단히 가치가 있는 것들이다.

2. 중앙어와 지방어

봉건제도하에서 각 지방의 방언은 한층 더 특색을 띠게 되었고 현재
방언의 경계선과 거의 일치하는 경향이 있다.

전기에는 上方의 문학 작품에서조차 關東語나 關東 사람들은 촌뜨기
취급을 받았고 관동지방 말을 얕잡아 보는 것이 일쑤였다. 그러나 후기
가 되면 江戸의 문화가 번성하여 성곽도시로 급속하게 발전되어 갔다.
이에 따라 江戸語도 관동 사투리에 기반을 두고 발전을 거듭하여 京都
語 못지 않게 세력을 확장하여 갔다. 江戸를 오가는 무사와 상인들에
의하여 江戸語는 여러 지방으로 퍼져나가 마침내 공통어의 기반을 구축
하게 되었다. 이러한 과정을 거쳐 후기가 되면 上方語와 동등한 취급을
받았으며 江戸時代 전체에 걸쳐 방언을 기록한 문헌들이 나타나게 되었
다. 이 시대에는 전국의 방언을 기록한 문헌도 나타나게 되었다. 그 예로
『御國通辭』에는 盛岡 말을, 『ところ詞』에는 九州 말을, 『尾張方言』에
는 尾張 말을, 『新撰大阪大金』, 『浪花方言』에는 大阪 말을, 『秋長夜話』
에는 広島 말을, 『菊池俗言考』에는 熊本 말을 각 각 기록하고 있다. 이것
외에 酒落本 『菜話道中粹語錄』 滑稽本 『潮來志』등의 근세문학 작품에
도 방언이 수록되어 있는데 문학작품에 나타나는 지방어(방언)는 유형적
인 부분이 있으므로 자료로 사용하기에는 주의를 요하는 문헌이다.

3. 음운

1) 모음

무성음화 : 현대 동경어의 특색인 모음의 무성화는 언제부터 생겼는지 분명하게 알 수 없으나 골리야드의 『日本文典』(1623)에 [i] 또는 [v]로 끝나는 단어가 일본인이 발음할 때에는 맨 마지막 발음은 초보자에게는 거의 들리지 않는다. 예를 들면 [gozaàru]라는 낱 말은 [gozàr]로 들리고 [hitòtçu]라는 말은 [fitoç]와 같이 들리며 [àxino fàra]는 [àxno faàra]로 들리는 것이다(정원희역). 이런 형 상은 모음이 일찍부터 무음화되었다는 의미이다. 茨城県 서남부 지방에서는 18세기 말에 이미 무성음화가 되었다는 기록이 있다.

단모음 : エ와 オ는 室町時代까지는 [je], [wo]였던 것이 江戸時代에는 [e]과 [o]로 변화되었을 것으로 추정하고 있다. 謡曲의 발음법을 표기한 『音曲玉淵集(1727)』에는 「をおの仮名うヲと拗音に唱ふ 事悪」라는 설명이 있고 『謳曲英華鈔(1771)』에는 옛 음의 발음법 이 기록되어 있다.

> 江ハいより生ず。江といふ時舌に解て最初に微隠なるいの音そひて い江といはる。
> をハう生ずる故に、初に微隠なるうの音そいて唇にふれてうをとい はる。

옛 음의 발음법을 자세하게 기록해 놓은 것은 아마도 「エ」와 「ヲ」의 음이 [e]와 [o]로 변화되었기 때문에 전통적인 발음법을 추구하는 謡曲

를 연마하기 위해서 이 발음의 설명이 필요했을 것이다.

池上頑造의 설을 근거로 유추해 보면 [e]와 [o]는 江戸時代 중엽에 변화된 것이 아닌가 추측되며 [je]는 현재 동북지방과 九州地方에 그 흔적이 남아있다.

エ가 イ로 변화되는 현상은 근세에 「かえる」가 「かいる」로 변화된 것에서 그 유래를 찾아 볼 수 있다. 이것은 「エ」가 「ア」와 「オ」 다음에 올 때 [ae], [oe] 형태로 된다.

개음과 합음의 혼란 : オ단의 장음에는 개음과 합음의 구별이 있었다. 그러나 室町 末期가 되면 양자는 혼동을 거듭하여 江戸 초기에 [ɔ:]와 [o:]는 동음으로 변화되어 현재와 같은 형태가 되었다. 『三河物語』와 東國系의 抄物에서도 혼동의 예가 꽤 많이 나타나는 것을 보면 이러한 혼동은 東國地方이 빨랐던 듯하다. 예를 들면 『醒睡笑』(1623)에는 「笑」자를 「せう」와 「しゃう」를 거의 반반씩 섞어서 쓰고 있는데 「せう」가 이 시대의 정식적인 가나 철자법이었다.

비모음 : 室町時代 말기에 존재했던 탁음 앞에 나타나는 비모음화는 이 시대 초기에는 존재했지만 그 이후에는 사용되지 않았다. 이 비모음의 소멸시기는 언제 였는지, 上方, 江戸 중 어느 지방에서 더 오래 지속되었는지 명확하게 알 수 있는 방법은 없다. 다만 『音曲玉淵集(1727)』에 ガ・ザ・ダ・バ행의 각 음절에 대하여 다음과 같이 설명하고 있다.

右何レモ濁音ト成時ハ鼻ヲ兼ル。取分がぎげごノ濁音ハ、鼻を主る

ゆへに、濁音へ移るハ鼻
へ舌ミ清音へうつるハツ
メテ移るなり。『音曲玉淵
集・1』

위 문장에서 비음을 생각
해 볼 수 있다. 그러나 여기
서 주의해야 할 것은『謠曲』
에 대한 발음 설명이며 실제
로 일반 대중이 이대로 발음
했는지 여부는 판단하기 어
렵지만 이 당시 비모음이 존
재했다는 사실은 알 수 있다.

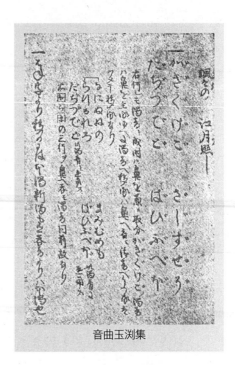

音曲玉渕集

2) 자음과 음절

4개의 가나문자(四つ仮名)와 개음과 합음의 구별이 없어지고 합유음
이 자음화된 결과 한 개의 음운으로 변화되어 음절수가 줄어들어 동음
이의어가 증가하게 되었고 가나의 철자법에도 문제가 발생하기 시작하
였다. 이런 문제점을 해결하기 위해 ガ행 비탁음과 エ단 장음이 나타났
지만 동음이의어를 식별하기에는 역부족이었다. 「ガ」행 鼻濁音은 오늘
날의 [ʒ]와 [ŋ]이 있는데 江戸時代에도 두 음이 모두 쓰였다.

此濁音ハ鼻入仮名也。此濁音とはね字ハ少ハ鼻をひびかせばならぬ

事也。

それを鼻に戸をたつるやうに唱へてハ文字平く成甚ひやしく聞ゆ。

위『音曲玉淵集』의 기록을 보면 낱말의 첫소리 이외의 ガ행음은 비음으로 발음되었던 것을 알 수 있다.『浮世風呂』에서 이 ガ행음에 대하여「何言かな」,「山事」등으로 표기하고 있는 것은 化政期 江戸語의 ガ행음은 낱말의 첫소리를 제외하고는 모두 [ŋ]이었기 때문에 지방의 [ʒ]와 구별하기 위한 것으로 알려져 있다.

サ(シャ)행음의 음가는 室町時代 말기 京都에서 [ʃe], [ʒe]였는데 근세에 와서는 현재와 같은 [se], [ze]로 되었다. 정확한 시기는 알 수 없으나「さ」,「せ」,「そ」의 음가가「スャ・スェ・スォ」였다는 기록이 泰山蔚의『音韻斷(1799)』에 나타나 있다. 그러나 로드리게스의 기록에 의하면 室町時代에 關東地方에서는 이미 [se]로 발음이 고정되었으며 음운 변화도 江戸語가 上方語보다 앞서 가고 있었다. 이 이외에도 아래와 같은 변화를 들 수 있고, しゅ, じゅ가 し, じ로 변화하는 현상은『片言』에 나타나 있다.

    おまへさん → おまへん 「さ→は」
    ません   → まへん   「せ→へ」
    しゃる   → はる   「しゃ→は」

ハ行 자음 : 중세의 ハ행음은 지역에 따라 [h]에 가깝게 발음되었다고하나 표준적인 발음은 근세 초와 마찬가지로 [f]였던 것 같다. 당시 1661~72년 당시 일본의 禪僧들이 중국어의 발음을 기록한

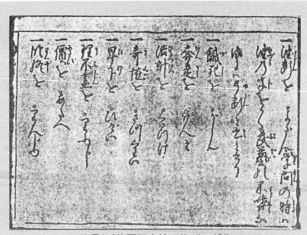

片言(近代語研究第三集에 의함)

것 중에는 「繫」「飯」을 [フワン]으로, 「發」「髮」을 [フワツ]로 표기하고 있는 것을 보면 ハ행음의 첫머리 자음은 이미 [h]로 발음되고 있었던 것 같다.

『音曲玉淵集』에는 ハ・ヒ・フ・ヘ・ホ는 フ를 첫음절로 두고 フハ・フヒ・フヘ・フホ를 한 음절로 발음해야 한다고 설명하며 「但字毎にいふにあらず、如此いふべき所々有」라는 말을 덧붙이고 있다. 부연하면 당시 「f」음이 「h」로 변화하였으며 江戶도 후기가 되면 上方와 동일한 발음이 되었다고 한다.

4개의 가나음가의 혼동 : 「じ」, 「ぢ」, 「ず」, 「づ」의 4개의 가나를 요쯔가나(四つ仮名)라고 부르는데 「じ」와 「ぢ」, 「ず」와 「づ」의 구별은 室町時代부터 혼란을 거듭하여 元禄期에는 이들의 구별이 없어졌다. 이 4개의 가나에 대한 것은 契沖의 『和字正濫抄』에 자세하게 기록되어 있다.

都方の人の常にいふは、ちの濁りはぢとなり、つはづとなる。ぢと
づとはあたりて鼻に入るやうにいはざればかなはず。

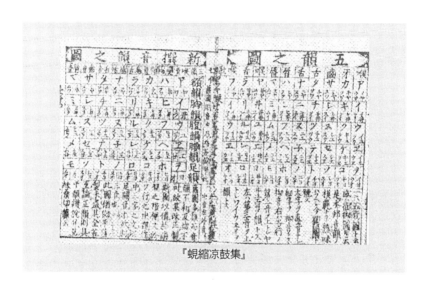

『蜆縮涼鼓集』

이『和字正濫抄』의 내용과『蜆縮涼鼓集(元禄 8)』의 내용을 종합해
보면 江戸期 이전에는 마찰음 ジ[ʒi]와 파찰음 [dzi]를 구별하여 사용하
였는데 이 시기에 들어와 이들은 서로 혼동을 거듭하게 되었다.

合拗音 : 「くわ」, 「ぐわ」가 직음화하여 「カ」, 「ガ」로 안정된 것은 江戸
語에 나타나는 현상이며 이러한 형태는 현재까지 계속되고 있다.
그러나 「くゎう」의 직음화는 훨씬 빠른 시기에 일어나 전기 上
方語에도 그 모습을 드러내고 있다.

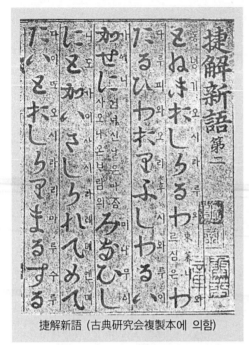

捷解新語 (古典硏究会複製本에 의함)

三馬의『浮世風呂』,『浮世床』를 보면 교양이 있는 층은 直音化를 무시하는 경향이 있고 하층인 町人 등 비교양 층에서는 直音化를 그대로 사용하는 경향이 있었다.

전 시대에는 オ단 장음에 개음 [ô]와 합음 [ô]의 구별이 있었다. 그러나 근세 초기에 이러한 구별이 없어져 가나즈까이에 혼동이 일어났다.

장음 : 전 시대에는 イ단 음과 ウ단음에 모음 [u]가 결합하여 ウ단에 장음이 생겨났고 エ단에 모음 イ가 결합하거나 ア단 음과 オ단 음에 모음 [i]가 결합한 [ai]와 [oi] 음도 エ단 장음으로 변화하였다. 따라서 문학작품에 「てへげゑ(大概)」, 「でゑぶ(大分)」, 「ふてへ(太い)」과 같은 예가 나타나게 되었다. 또 ア단에 [e]가 결합하는 경우에도 エ의 장음이 되었다. 「けへる(帰る, 呼び返す)」 등은 모두 두 낱말의 모음이 동화되어 융합된 것이다. 이 ア단 장음은 전 시대에도 약간의 용례는 있었으나 江戸幕府 후기에는 조사 「は」, 「ば」가 붙는 경우에도 「ききやア(聞けば)」, 「けへらざア(帰らずは)」와 같은 장음화도 일반화되었다. 이러한 장음은 단음화되는 경향이

있었는데 이러한 현상은 이 시대 초기에도 빈번하게 나타났다. 조선 자료인 『捷解新語』에도 「おがも(拜まう)」, 「はよ(早う)」와 같은 단음화도 일반화되었다. 豊臣秀吉의 장서에도 「ひのようじん(火の用心)」, 「あさゆ(朝夕)」, 「ひやうろ(兵糧)」과 같이 단음화된 예들이 나타나고 있다.

진 시대에 비하여 연음법칙에 변동이 많이 생겨났고 입성 [t]가 개음절로 변화하여 ツ[tsu]가 되었다. 그 결과 낱말 끝에 붙던 [t]가 사라졌으며 연성은 「新發意」, 「雪隱」 등 소수를 제외하고 자취를 감추어 버렸다. 「捷解新語」에는 [t]의 용례는 나타나지 않으나 「れ」의 경우 「かんにょう(肝要)」 등의 낱말이 나타나고 있고 九州地方에서는 현재도 「銭な持たん」 등 한정적으로 사용되고 있었다.

江戸語 음운의 특색 : 江戸語의 음운에 대해서는 이미 논술한 바있어 그 이외 현상에 대해서 서술하기로 한다. 동경어에서 「ひ」와 「し」를 혼동하는 현상은 주지의 사실이다. 이와 같은 현상은 근세에도 江戸 사투리의 특색이었던 듯하며 이와 같은 용례는 『浮世風呂』에서도 나타난다. 江戸의 처녀가 上方의 처녀에게 「百人一首(しゃくにんいっし)」라고 말하자 上方의 처녀가 "まだまア'しゃくにんいっし'トいはいで頼母しナ"하고 깔깔대는 장면이 나오고 「日(し)が暮れる」, 「無筆(むしつ)」와 같은 용례도 나온다.

또한 연음절과 관련된 현상으로 낱말과 낱말이 연접할 때 음절의 융합 및 변이가 일어나는 것도 江戸語의 특색 중의 하나이다. 음절의 융합은 조사 「を」가 선행하는 「か」와 결합하여 「かー」가 되는 예가 나타나고 「子が出来ちゃアみじめたぜ」와 같이 「ては」가 「ちゃ」로 되는 음절

변이도 일어나서 촉음화되는 경우와 撥音化되는 경우 두 가지 형태로
나타나고 있다.

4. 문법

1) 대명사

제 1인칭 대명사「私」는 이미 전 시대부터「わたし」,「わし」,「わし
ら」등으로 변화되어 주로 여성들 사이에서 사용되었으며 후기에는「わ
たい」,「わっし」,「わちき」등도 생겨났다.「おれ」도 후기에는「おら」,
「おいら」로 변화하였으며 남녀가 공동으로 사용하였다. 후기에는「こ
ちと」가 사용되지 않는 대신에「こととら」가 사용되었고「み」도「みど
も」의 형태로만 사용되었다.

제 2인칭 대명사「お前」는 이 시대에 전성되어 대명사로 고정되었으
며 전·후기를 통 털어 윗사람에게 만 사용하였으나 후기에는「おめえ」
라는 말이 생겨나 손아래 사람에게만 사용되었다.

제 2인칭 대명사에「さま」를 붙여서「あなたさま」,「お前さま」,「こ
なたさま」등 공손한 말투로 많이 쓰였다.「あなた」는 주로 제 3인칭으
로 사용되었으나 후기에는 제 2인칭으로 사용하는 용례가 많아졌으며
그 형태도 변화되어「あんた」라는 새로운 낱말로 되었고「きみ」도 사
용되었다. 이것이 전성되어서「お前さん」,「おまいさん」,「こなさん」
등으로 사용되었고 후기에는「おまわん」의 형태로 나타났다. 이 당시
「てめえ」,「おめえ」,「おまわん」,「あんた」는 원래의 의미보다 공송하

지 못한 의미로 쓰였으며「われ」,「うめ」,「うぬら」등은 상대를 깔보는 말투이다.

중세에는「貴樣」라는 말투가 있었는데 이것은 존경도가 대단히 높은 낱말이었는데 후기가 되면 아래 사람에게 사용하는 말로 바뀌었으며 사람을 꾸짖을 때 사용한 용례도 나타난다.

제 3인칭 대명사는 전 시내와 거의 농일하며「あなた」는 제 3인칭 대명시에서 제 2인칭 대명사로 바뀌었고 후기에는「あの方」가 나타났다.

부정칭으로는「だれ」,「どなた」,「どいつ」,「どれ」,「どこ」등이 있으며 사물・방향・장소를 낱말은 큰 변화가 없고 후기가 되면「ここいら」,「そこいら」,「どこいら」가 사용되기 시작하였다.

2) 동사

근세의 동사에 생겨난 커다란 변화는 활용형의 종류의 변화이다. 먼저 2단화되었으며 ナ행 변격 동사의 활용이 4단 활용을 하게 되었고 已然形이 가정형으로 바뀌는 등 활용형의 변화도 일어났다.그 결과 고대어의 활용형은 9 종류였었는데 이 당시에는 4단 활용, 하 1단 활용, 상 1단 활용, カ행 변격활용, サ행 변격활용으로 줄어들어 동사의 활용형은 5종류가 되었다.

2단 활용이 1단화 되는 현상은 室町時代부터 나타나서 江戸時代에는 1단 활용이 표준이 되었고 이러한 현상은 관동지방이 上方地方보다 빨리 일어났다.『世話物浄瑠璃』에는 1단 활용과 2단 활용이 동시에 사용되고 있는데 숫적으로 1단 활용이 많으며 2단 활용도 많이 사용되고 있었다. 그러나 江戸 후기가 되면 2단 활용이 일반화되고 특수한 경우에만

2단 활용이 사용되었다.

> 代官所へ解状が着いて、存在と尋ねる。『大鏡師昔歴』
> 約束の日限切れるもいひ延し。『冥途飛脚』

그러나 江戸 후기가 되면 1단 활용이 일반화되고 매우 특수한 경우에
만 2단 활용이 사용되었다.

> かえつて年倍の成清へ、恥をあたゆる同前ぢゃが…… 『春色梅兒譽
> 美』

1단화의 빈도는 낱말의 길이와 활용 및 사람과 상황에 따라 달라진다.
통계를 보면 대개 낱말의 길이가 길수록 1단화 되는 경향이 늦고 종지형
과 연체형이 이연형보다 1단 활용을 하는 경향이 많다. 또 활용형의 종
류를 상 2단은 하 2단보다 일반화되는 경향이 빠르게 나타났다. 여자와
서민층, 교양이 낮은 층이 1단화된 활용을 사용했고 남자와 무사, 교양
층이 2단화된 활용을 많이 사용했다.

> 是等が捷く信心の目に見える事どもだ。『浮世風呂』
> 金銀の御利生は忽ち目下に顕れる。『浮世風呂』

ナ행 변격 활용은 芭蕉(1644～1694)의 유명한 俳句「やがて死ぬ景色
は見えず蝉の声」라는 글귀에서 그 용례를 찾아볼 수 있는데 上方語에
서는 江戸幕府 말기가 된 후에야 비로소 4단 활용형으로 변화되어 ナ행

변격 동사는 그 모습을 감추게 되었다. 근세 후기 江戸語의 동사 활용의 종류는 4단, 하 1단, 상 1단, 力변, サ변 등 5종의 활용형으로 변화했으며 규칙적이었다. サ행 변격 중에서 4단 활용으로 전성되는 현상도 이 시대 초기부터 보이기 시작했다. 이 당시 「案じる」는 상 1단 활용으로 일반화되었는데 이 시대 후기가 되면 「念じる」, 「判じる」, 「献じる」, 「煎じる」, 「介じる」 등도 1단형 활용을 하게 되었고 이 이외의 낱말도 1단 활용화되는 경향이 많아졌다. 이 시대의 후기가 되면 ナ행 변격 활용에서 4단 활용형으로 「梅を愛す人」, 「書を解すこと」, 「手柄を祝すため」 등과 같이 변화하는 예가 일반화된다. 이 당시 上方地方에서 「足る」, 「飽きる」, 「借りる」, 「染みる」 등으로 말했다.

활용형의 용법에서는 미연형과 가정형에 커다란 변화가 생겨났다. 미연형에 접속조사 「ば」를 붙여서 가정의 조건을 나타내는 말투는 근세에도 존재했지만 일반적으로 사용되지는 않았다. 그러나 후기가 되면 그 용례는 더욱 적어지고 이 시대를 통털어서 4단 활용동사에 한정되어 사용되었다. 후기에는 「申さば」, 「言わば」, 「あらば」 등 극소수가 4단 동사에 속해 있었다. 이와 같이 가정의 표현이 쇠퇴해 갔으며 이것을 대신하여 일반적으로 이연형에 「ば」를 붙이는 용법이 사용되었다.

이연형에는 조사 「ば」, 「ど」, 「ども」를 접속시켜 확정의 조건을 나타내었으나 江戸前期 上方에서는 이연형에 조사를 붙여서 확정의 조건을 나타내는 용법이 일반적으로 사용되고 있다.

> ナント宝正しいはぬかと、合口をざしつくればア、成程さやうに言ひました。『曾根崎心中』
> 朝夕位牌へ向へども此の遺言をお経と思い。『堀川波鼓』

이와 같은 용법은 江戸後期가 되면 거의 그 자취를 찾아보기 힘든데 현대어에서는 「ので」 혹은 「から」를 사용해야 할 곳에 「ば」가 쓰인 경우도 있었다.

　　跡の残るは姉さん里に行てお出なければ、いつぞや逢て名告あひ。『仮名文章娘節用』
　　三月四月と日は立てども。『同』

또 「ど」가 접속하는 용법도 「ても」, 「けれども」로 변화하여 已然形가 가정형으로 변화되었으며 계조사 「こそ」가 연결사의 역할을 하는 것도 드물었다.

명령형은 이 시대의 전기와 마찬가지로 「い」를 붙여서 「見い」와 같이 사용하였다. 4단 활용 동사에서 「れ」를 생략하는 용법이 이 시대 후기에 소멸되었으며 상 1단과 하 1단에 「ろ」를 붙이는 용법이 고정되었다.

또 현재와 같은 「下さい」, 「なさい」, 「いらっしゃい」 등도 나타났다.

음운변화 현상은 전기와 별 차이가 없고 サ행 4단 활용 동사의 연용형에도 イ音便 현상이 나타났으나 이 시대 후기 자료 및 上方洒落本 등에 イ音便은 거의 나타나지 않는다.

ハ행과 マ행의 4단 활용에도 전기 上方語에서는 室町期의 법칙이 적용되었으나 후기에는 「飲んで」, 「飛んで」와 같이 撥音便이 일반화되었다.

ハ행 4단 동사의 음운변화현상은 전기에는 「おもうで」, 「違うで」 등과 같이 쓰였으나 후기에는 「思って」, 「違って」와 같이 促音으로 변화되었다.

3) 형용사

두 종류(ク・シク활용)였던 활용형식이 이미 전 시대에 한 종류의 활용형식으로 변화되었다. 上方語에서 활용형은 う音便으로 변화하는 것이 일반적인 현상이었다. 「ーく」의 형태를 취하는 것은 중지법 이외에는 거의 찾아 볼 수 없다. 그러나 江戸語에서는 非音變形態 「ーく」가 사용되었고 「ございます」, 「存じます」, 「うけたまわります」 등의 경어에 접속될 때만 ウ音便이 일어났다.

> それはいとぼしげに微塵は悪うなしゃ。『曾根崎心中』
> たいそう美しくおなりだ。『春梅兒譽美』
> お早うございました。『浮世風呂』

江戸時代 후기가 되면 연용형 「て」와 연결되면 「淋しくつなりません」과 같이 촉음이 삽입되는 현상이 일어났다. 또 가정의 조건을 나타낼 경우에는 「ーくは」, 「ーければ」를 사용하게 되었다.

未然・已然形의 용법에서 「なくは」, 「嬉しくは」 등 미연형에 접속되어 가정조건을 나타내는 말투는 「ーくは」가 「か」, 「かあ」로 변화되었고 후기에는 「よければ」, 「欲しければ」 등과 같이 已然形이 흔히 사용되었다. 또 已然形에 「ば」, 「ど」를 붙여서 확정조건을 나타내는 용법은 점차 쇠퇴하여 동사와 마찬가지로 「から」, 「ので」, 「けれども」를 많이 사용하였다.

「ーし」는 중지법을 나타내고 종속절에 대한 조건을 나타내며 이 용법은 이 시대를 통틀어 사용되었다.

「カリ系」의 活用語尾는 전후기를 통하여 「かろ(から)」와 「かつ」 등 2가지 형태로 정리되었고 현재 「早かろう」와 「早かった」의 형태로 조동사 「う」, 「た」에 연결되었다.

4) 형용동사

タリ활용이 소멸되고 ナリ활용만 사용되었으며 종지・연체형은 「ーな」이며 문의 종지와 연체 수식에 사용되있다. 또 ナリ활용계열에 지정의 조동사 「じゃ(ぢゃ)」와 「だ」가 등장하였다.

> 門も静かな。『心中天綱島中』
> 人の為を償うてゐる事がいやぢゃ。『夕霧七年忌』

江戸幕府 후기가 되면 지정의 조동사에 「だ」가 활발하게 사용됨에 따라서 위의 예문에 보이는 「ーじゃ(ぢゃ)」, 「ーだ」로 바뀌어 사용하게 되었다. 다시 말하면 이 시대에는 「だ」는 종지형으로 문을 끝맺는 역할을 담당하고 「な」는 연체형으로 안정되는 경향이 뚜렷했으나 아직도 연체형 「なる」가 간간히 사용되고 있었다.

추측의 조동사 「ウ」는 「嫌だ(ら)う」에 접속되고 과거를 나타내는 「た」는 「にぎやかだった」, 「残念だった」와 같이 「ーだっ」에 접속되었다. 이러한 용법은 후기에 나타나는 현상이나 그 용례는 많지가 않다.

> 미연 연용 종지 연체 가정
> -だっ

-だろ -で -だ -な -なら

-に (-な)

　이 시대에는 「静かです」와 같은 말투가 생겨났으나 널리 통용되지는
않았고 「嫌でございます」와 같은 형태의 말투가 많이 사용되었다.

　가정형은 「なら」였는데 「なら」는 上方語에서는 비언형으로 사용되
었고 표현 면에서 분석해 보면 어느 것이나 조건의 의미를 나타낸다.
이와 같은 현상은 江戸語나 上方語 모두 동일하다.

5) 조동사

　조동사도 이 시기에 많은 변화를 보였고 새로이 생성된 낱말이 있는
반면 없어진 말도 있다. 조동사는 어휘가 증가한 반면 일반 회화체 언어
에서는 자취를 감춰버린 낱말도 많다. 「き」, 「けり」, 「つ」, 「ぬ」, 「り」,
「まし」, 「めり」, 「らん(らう)」, 「けん」, 「じ」, 「まほし」, 「しむ」, 「んず」
(うず)」 등이 소멸된 말이고 「ごとし」, 「タリ(지정)」, 「べし」 등은 특수
한 경우 이외에는 사용되지 않는다.

　수동·가능·자발·존경의 「るる」, 「らるる」는 점차적으로 1단화하
여 후기에는 「れる」, 「られる」의 형태가 되었다. 그러나 전기 上方語에
서는 종지 연체형으로서 「るる」, 「らるる」 후기 江戸語에서는 「れる」,
「られる」가 사용되었으며 전기 上方語에서는 하 2단 활용을 하였다.

　　お初は何をいはるぞ。『曾根崎心中』
　　コレコレ伝兵衛。小春に沙汰なし、耳へ入れば、夜明まで括られ

る。『心中天の網島』

近松浄瑠璃에는 1단화한 낱말이 두 줄밖에 없고「る」,「らる」의 1단
화는 동사의 1단화와 비교하여 매우 느리게 진행되었다.

가능을 나타내는 동사는「らる」,「らるる」,「れる」,「られる」이외에
도 江戸 후기가 되면 가능과 불가능을 표현하는 형식은 두 서너개 정도
가 더 있는데 이들은 대개 현재와 같은 형태를 취하고 있다.

　　(1) 가능동사
　　(2) …できる。…することができる。
　　(3) …える

이 시대의 가능표현 양식 중 4단 활용의 가능표현은 현대보다 훨씬
많았으며 이 표현 양식은 이 시대에 발달하기 시작하여 명치시대에 주
요한 표현 양식이 되었다.『浮世風呂』에는「云へる」,「買へる」,「売れ
る」,「解せる」,「つかへる」등의 4단 가능동사가 사용되었는데 이 시대
의 가능표현으로는「れる」를 사용하는 경향이 많았다.

사역・존경의「する」,「さする」는 전기에는 上方語에서 하 2단 활용
을 하였는데 후기 江戸語에서는 1단으로 변화되어 종지・연체형이「せ
る・させる」의 형태가 되었다. 그러나 존경의 경우 단독으로 사용되지
않고「せらる(れ)る」,「させらる(れ)る」로 쓰이는 것이 보통이었다. 중
세 말기에서 江戸 초기까지「しらるる」,「さしらるる」의 형태로 사용
되고 이들은 변화를 거듭하여「しゃる」,「さしゃる」의 형태로 되었다.
이「しゃる」는 근세 특유의 존경어 조동사로서 동작 주체를 존경하는

의미를 지닌다. 이것이 발전하여 「しむ」가 되었으며 문장체 언어에서만 사용되었다. 「しゃる」 및 「さしゃる」는 활용형의 어원에 「る」, 「らる」 가 붙어서 하 2단 활용을 했는데 한편으로 이 두 낱말은 4단 활용도 하였다.

「しむ」는 이 시대의 전기에도 쓰이지 않았으며 그것도 문어체에서만 사용되있나.

근세의 특징적인 조동사로는 「しゃんす」, 「さしゃんす」, 「んす」, 「ございす」, 「ごんす」, 「なさんす」, 「なんす」 등 어미로 「んす」를 포함하는 조동사가 있다. 이것은 원래 遊女語였는데 上方地方에서는 江戸時代 전기부터 여성이 사용하는 것도 일반화되었고 후기가 되면 일반 남성도 사용하게 되었다. 그러나 이 시대의 江戸語에서는 遊里関係者나 男伊達 등 특수한 사람에게만 사용되었다. 이들의 변화과정에는 두 가지 학설이 있는데 그 중에 설득력이 있는 것은 사창가 등에 있는 여성들이 남자들과 놀면서 아양기가 섞인 말투로 「ん」에 「す」가 직접 붙어 「んす」의 형태로 굳어진 것이다. 이것은 어원적으로 경어 「んす」와 아무런 관계가 없다. 그 용례는 다음과 같다.

> お袋様にとはしゃんしたか。『薩摩歌』
> わすれさしゃんしたか。『卵月の紅葉』
> うら山しうございす。『薩摩歌』
> えい春でごんすであんす。『男伊達初買会我』

의지 및 추측을 나타내는 「ウ」는 1단 활용 동사에 붙어서 合拗長音 「見(め)う」이 「見(め)う(ミョウ)」가 되었다. 江戸期에는 「よう」가 독립

하여 조동사가 되고 상·하1단 활용의 미연형에 접속하였다.

カ행 변격·サ행 변격에는 전기에는 「う」를 접속시켜 「来う」 「せう」로 쓰였으며 サ행 변격은 「ショウ(せう)」, 「しょう(ショウ)」가 함께 쓰였다.

근세의 특징있는 조동사로 「しゃんす」, 「さしゃんす」, 「さんす」, 「ござんす」, 「ごんす」, 「なさんす」, 「なんす」 등 語尾에 「んす」를 공통점으로 하는 것들이 있다. 이들은 원래 遊女語에서 생겨난 말로 上方 전기에는 일반 여성도 사용하였는데 上方 후기에는 남성도 사용하는 일반적인 조동사로 변천하였다.

이 조동사의 발생은 아직까지 정설로서 인정받고 있는 것은 아니지만 「しゃんす」에서 「んす」로 변천했다는 학설이 있다. 이러한 과정은 인공적으로 만들어 졌을 것이라는 학설도 있다. 「うんす」는 遊里의 여성이 남자들과 遊樂時에 「ん」이 사용되기 쉽고 여기에 문의 종지를 나타내는 「す」가 직접 연결되어 생겨난 것이다. 어원적으로 「ます」가 내포되어 있지 않다는 설도 있다.

지정의 조동사 「ぢゃ」는 보통 종지·연체형만 사용되었다. 이것은 체언과 부사에 접속하여 문을 종지시키고 각종의 조사와 연결되어 「母ぢゃん」, 「……ちゃほどに」와 같이 연체 수식을 하기도 한다. 그러나 이러한 것들은 특정의 체언에 결합되는 용법에 한정되어 있으며 이것을 보완하는 것이 「ナリ」계의 「な」이다.

近松世話物浄瑠璃에는 「なら」가 「ならば」보다 용례 면에서 약간 많다. 「な」는 종지형과 연체 수식어를 만들 때 쓰이며 용법도 현재와 달리 자유스러웠다. 已然形의 「ならば」는 확정의 조건과 가정의 조건을 나타낼 때 상용되었다. 「なら」는 미연형으로 접속조사 「ば」를 동반하거나

혹은 단독으로 가정의 조건을 나타낼 때 사용되며 드물게 부정의 의미
고 갖는다. 그러나 후기에는「でなければ」,「でなくては」등의 말투가
우세해졌다.

　江戸에서 널리 사용된 지정의 조동사는「だ」이다.「ちゃ」도 사용되기
는 하였지만「だ」가 널리 사용된 것이 이 시대의 특징이다.「だ」는 지정
의 조동시「なり」계열의 활용형을 보완하여 구성되었다. 미연형「だら
(だう)」연용형「だっ」,「で」종지형「だ」등은「である」,「だ」계의 활용
형이고 연용형「なり」가정형「なら」는「なり」계의 활용체계이다.「で
す」는 幕府 말기가 되어서야 비로소 종지·연체형 이외에 미연형·연
용형이 생겨났다.

　「らしい」는 접미어「らしい」에서 전성된 조동사로 알려져 있는데 체
언에 접속되는 것들뿐이고 현재와 같은 활용형에 결합하는 예는 거의
없었다.

　「べい」는 관동방언에서 사용되었으며 江戸 후기가 되면 문학작품에
도 나타나기 시작했다. 東國語 에서는「べい」의 용법이 확장되어 추
측·결의를 나타내는「う」대신 사용되었다. 이런 현상은 室町時代 말
기에 나타났다.

　「ぬ」는 부정의 의미를 나타내고 江戸時代를 통틀어 사용되었다. 이
「ぬ」는「ず·ず·ぬ·ぬ·ね」로 활용하며 명령형은 없다. 미연형「ず」
는「ずは(ば)」의 형태로 가정의 조건을 나타내었고 연용형은 중지법 이
외에도「ずと(も)」,「ずに」등의 형태가 사용되었다.

　　　此れはぢをきよめずは、本国へ帰るまい。『薩摩歌』
　　　くだをまかずとはよふねや。『心中二枚絵草紙』

한편 江戸에서는 「ず」이외에도 「ない」가 있는데 이것은 경우에 따라 「ねえ」로 사용되었다. 형용사의 「ない」는 「なくは(ば)」이고 조동사에 는 이런 용법이 없었기 때문에 미연형은 「なかろ(う)」이다. 부정과 추측 의 의미를 나타내는 「まい」는 활용형이 종지형과 연체형뿐이며 이 외에 에도 조동사로는 「やうな」, 「やうに」, 「げな」, 「そうな」, 「そうだ」 등 도 사용되었다.

6) 조사

근세에 쓰인 조사는 격조사, 접속조사, 부조사, 계조사, 종조사・간투 조사 등이 있다. 이들은 江戸와 上方에서 서로 대립했으며 이 시대에 사용된 조사를 나타내 보면 다음과 같다. ( ) 안은 대표의미이다.

격조사 : が・から・して・でと・とて・に・の・へ・や・より・を
접속조사 : いで・が・かして(ためか의 의미)・から・けれども・け れど・ければ・さかいで(병렬)・たつて・たつても(ても의 의 미)・たりて(병렬)・で(이유・원인)・ては(가정)・ても・とつ て・とて(ても의   의미)・とも・ど・ども・ながら・なら(병 렬)・ので・のに・にば・ばかり・ほどに
부조사 : か・かな(でも의 의미)・きり・ぎり・くらゐ・しも・ぞ・ づつ・など・なんと・はか(ほか의   의미)・ばかり・ばし・ほ か・ほど・まで・やら・さへ・しか・でも
계조사 : こそ・は・も
종조사・간투조사 : い・いの・いのう・いな・いなあ・え・か・が・

かな・がな・さす・ぜ・ぞ・て・とも・な(감동)・な(금지)・
なあ・の・のう・のみ・のみかは(발음은 [wa])・わい・まで・
や・やい・よ・よう・よな

① 격조사

격조사 「が」, 「の」는 수격・연체격을 나타내는데 「が」는 주격을 나
타내고 「の」는 연체격을 나타내는 경향이 중세보다 많아졌다. 「の」가
단문의 성격을 나타낼 경우에는 감동의 의미를 나타내며 술어가 형용사
인 경우가 많다. 그러나 현대 일본어에서 「が」를 사용해야 되는 경우에
도 당시에는 「の」가 시용된 용례가 흔히 보인다. 반대로 「が」가 연체격
을 띠는 경우도 심심치 않게 나타난다. 이 이외에도 「気の軽い男」와 같
이 술어가 연체격을 나타내는 구에서 주격을 나타내는 용법이 훨씬 많
아졌다. 「が」는 「誰が事」, 「伊之助が家」와 같이 연체격을 나타내는 것
이 이 시대 전과정을 통해 심심찮게 사용되었다.

> 紅楓の歌は私が心も同じ思ひござゐますから。『春色英対緩語』
> 私の心の治め能のじゃなヒヨ。『春色梅美婦袮』
> はて物賞のわるい。『傾城曉鏡・上』
> エ、気味のわりい。ナゼ人の手をなめるのだ。『花歴八笑人・三追上』
> おか様の首くとらしやった。『傾城江戸楼・中』

이 이외에도 「の」가 단문의 주격을 나타낼 때에는 감동의 의미를 나
타내며 술어가 형용사인 경우가 많다. 현대 일본어라면 「が」를 사용해
야 할 경우가 있지만 이 경우 「の」가 구의 연체격을 나타내는 경우가

흔이 보인다.

또 「日がたける。」 등과 같이 주격의 위치를 나타내는 것도 많이 눈에 띠며 특히 「水が飲みたい。」 등과 같이 희망의 대상을 나타내는 용법이 많이 쓰였다.

「へ」는 방향의 의미를 나타내는 것 이외에 동작의 귀착점을 나타내게 되어 「に」의 영역에까지 의미가 확장되었으며 수동의 의미를 나타내는 데에도 「に」 대신에 「へ」가 쓰였다.

> しょがいこそ出女なれ、お大名へも知られた関の小万。『遊子方言』
> あのふたりをば、中のまへ置て、おれへ早く……。『丹波与作夜の小室節』

또 「おれへ」의 「へ」는 술어에 대하여 동작이 미치는 대상을 나타내고 있다.

「より」는 전기 上方語에서는 비교・선택 및 출발점을 나타내게 되었다. 출발점을 나타내는 것으로는 「から」가 있었는데 사용 용례의 빈도는 「から」가 더 많다.

上方의 회화문에서는 「と」를 생략하는 경우가 많은데 이런 현상은 室町時代 말기에서 江戸時代 후기에 많이 나타난다. 이 이외에도 출발점을 나타내는 조사로는 「から」가 있는데 이것은 현재의 용법과 차이가 없다.

② 접속조사

「ば」는 미연형에 접속하여 가정 조건을 나타내고 已然形에 접속하여 확정조건을 나타낸다. 또 「ば」가 후기 江戸語에서는 미연형과 가정형에 접속하여 가정의 조건을 나타내는데 미연형에 접속하는 용법은 점차 사라져 갔다. 가정형과 접속하는 경우에도 「書けば」가 「書きゃあ」, 「すれば」, 「すりゃあ」로 拗音化하여 사용되었는데 「ば」가 일반적으로 병렬의 의미로 쓰이는 것은 江戸時代 후기며 이 경우 「も」와 대응하는 것이 보통이다

　　　親なければ兄弟もない此与次兵衛。『當秋八瀋祭二』

　한편 한정을 나타내는 「と」를 종지형에 붙여서 가정의 의미를 나타내는 용법도 널리 사용되었고 순접과 역접에 모두 쓰였으며 「ば」와 「と」의 의미로도 쓰였다.
　종지・연체형에 접속조사가 접속되는 용법에 사용되는 것으로는 「ほどに」, 「ゆゑ(に)」, 「さかい(で,に)」, 「で」, 「ので,」, 「から」 있었다. 이 중에서 「ほどに」보다는 「ゆゑに」가 널리 사용되었으며 「さかい(で,に)」는 주로 上方語에서 사용되었다.

　　　会ひたいと思うので、殿の御座るも目がつかなんだ。『好色伝受』
　　　……、何ぼうか口惜しかったのに、そちが手にかかれば満足ぢゃ。
　　　『同』

「から」는 원인과 이유를 나타내는 접속조사로서 후기 江戸語에서 많이 사용되었으며 「ので」는 明治時代에 발당한 낱말이다.
　종지・연체형에 접속조사가 결합되는 형식은 근세에 많이 나타났다.

③ 부조사

「だけ」는 현재의 의미와 달리 정도의 한계를 나타내는 의미로 사용되었다. 지금과 같은 한정의 의미는 「ばかり」가 사용되었으며 「きり」는 江戸時代 後期가 되면 체언만이 아니고 종지·연체형에도 접속되어 부정어를 동반하는 용법도 나타났다. 「だに」, 「すら」, 「さへ」 중 근세까지 남아서 사용되던 것은 「さえ(さへ)」뿐이며 「さへ」는 원래의 의미를 잃어버리고 「まで」, 「までも」의 의미로 사용되었다.

「ほど」, 「くらい」, 「ぐらい」도 체언에서 부조사로 전성되어 대략적인 정도와 범위를 나타내는 데 사용되었다. 「ほか」, 「しか」도 이 시기에 나타나서 부정어와 대응하여 한정의 의미를 나타낸다.

「か」는 문중에서 부정·부정확의 의미를 나타내는 부조사로 사용되었고 문말에서 종조사의 역할을 하였으며 「ぞ」도 「か」와 마찬가지로 부조사로 사용되었다.

「でも」, 「なりとも」도 빈번하게 사용되었으며 「なりと」, 「なっと」, 「なと」의 형태로 사용되었다.

④ 계조사

「こそ」는 문중에서 특별한 어미를 요구하는 역할을 상실하고 已然形으로 문을 종결하는 후기에도 사용되었는데 이 용법은 「けれとも」와 연결될 때만 사용된다.

⑤ 종조사 · 간투조사

감동을 나타내는 조사로는 「い」, 「いの」 계통의 조사 「いの」, 「いのう」, 「いな」, 「いなあ」, 「わいの」, 「わいのう」, 「わいな」 등이 있으며

후기 江戸語에서는 「ぜ」,「ぜん」,「ね」,「ねえ」,「す」 등이 있다.「ぜえ」,「ぜ」는 「ぞえ」에서 「せえ」로,「せえ」에서 또 다시 「ぜ」로 변화했으며 「ね」,「ねえ」도 「なえ」에서 「ねえ」로,「ねえ」에서 또 다시 「ね」로 변화하였다.

감동을 나타내는 「な」는 문중에서 사용되고 대개 문말에 「の」,「のう」의 형태로 나타나는데 이 시대 후기에는 「ね」,「ねえ」가 새롭게 나타났다.

上方에서 「さ」는 이 시대 전기에 남성어로 사용되었는데 후기가 되면 江戸에서도 일반적으로 사용되었다. 「ぜ」는 이 시대 전기에는 용례가 보이지 않고 후기에 「出かけようぜ」,「来るぜ」와 같은 용례가 나타난다.

7) 경어

근세에 사용된 제 1인칭 대명사는 「われ」,「われら(上方語 단수)」,「われわれ」,「おれ」,「それがし(武士)」,「わらわ」,「おら」,「みども(武士)」,「わし」,「わたくし」,「拙士(武士)」,「おいら」,「こちとら」,「こちら」,「こっち」,「わたい(江戸語)」,「わきち(江戸의 遊女)」,「わたし」,「わっち(江戸語)」 등이 있다. 이 중에서 江戸 전기에 주로 쓰인 것으로는 「われ」,「われら」,「おれ」,「わし」,「わたくし」 등이다. 「わたし」는 존경도가 가장 높은 낱말이며 「おれ」는 현재와 같은 의미가 아니고 어느 정도 존경의 의미가 내포되어 있어 규수들도 사용할 수 있을 정도의 말이었다. 존경도는 「わたくし」,「わたし」,「おれ」,「おいら」 등의 순이다.

제 2인칭 명사는 「きみ」,「おこと」,「おのれ(ののしり)」,「おまえ」,「おまへさん」,「なんぢ(武士)」,「ぬし(遊女語)」,「われ(욕설)」,「貴殿

(武士)」, 「御辺」, 「おんな」, 「そち」, 「おてまえ」, 「おぬし」, 「こなさま(上方語)」, 「そこもと(武士)」, 「そなた」, 「その方」, 「あなた」, 「うぬ(욕설)」, 「そなさん(上方語)」, 「そちとら」, 「そのもと」, 「貴様」, 「てめえ(江戸語)」 등이 있다. 이 낱말 중 존경도는 「おまえ」, 「こなた」, 「そなた」, 「そち」 등이며 여성에게는 특별히 「こなさま(ん)」가 많이 사용되었다. 江戸 후기에는 「あなた」와 「おまえさん」이 존경도가 높은 낱말이었다.

「ぎょ」, 「み」 등의 접두사는 특정한 낱말에 고정되는 경향이 두드러지게 나타나고 있다. 그러나 「ご」와 「お」 등의 접두사는 비교적 자유스럽게 접속되는 현상이 있었다. 일본 고유어에는 「お」를 낱말 첫머리에 붙여 「お正月」, 「お元気」와 같이 사용하였다. 「おかず」, 「おまん」, 「おむし味噌」 등과 같이 「お」를 붙여 사용하는 女房詞도 생겨나게 되었다. 이 당시 한자어로 구성된 낱말에 「ご」를 붙여 사용하는 용법도 있었는데 「お」 만큼 널리 사용되지 않았다.

접미어로는 「様」가 가장 많이 쓰였으며 「さん」으로 전성되어 사용되기도 하였다. 「さん」은 친근한 마음을 가진 말투로 사용되었으며 윗 사람에게는 사용하지 않고 「お兄さん」과 같이 접두어와 접미사를 동시에 붙이는 용법도 사용되었다.

동사에 「お」를 붙이는 용례는 「お呉れる」, 「お出でる」 등 극히 일부에 한정되어 사용된 것으로 그 용례는 많지 않으며 후기의 작품에는 경어동사・보조동사・조동사 등도 나타난다.

보통 동사를 존경어로 만드는 데는 「るる・らるる」, 「れる・られる」, 「あやる」, 「しゃる・さしゃる」 등 조동사에 접속되는 것들도 있었다. 이 이니에도 「おーる」, 「おーなさる」 또는 이와 다른 형태로 사용되는 것들이 있었다.

① 존경어

「お(ご)ーある」형이 전대와 마찬가지로 사용되었으나 이 시기에 들어 「ご」붙이지 않는 용법도 생겨났으며 「お(ご)ーなさる」의 용법이 널리 사용되었다. 이와 같은 형식으로 「なさる」 대신에 「あそばす」, 「下さる」 형태로 사용되었고 「なさる」를 생략하는 용법도 일반화되었다. 「なさる」, 「遊ばす」, 「下さる」는 보조동사로 쓰였으며 낱말의 첫머리에 접두사를 붙이지 않는 용법도 나타났다.

「ござる」는 江戸時代에 「行く・来る・居る・ある」의 의미로 널리 사용되었고 「いらっしゃる」는 江戸 후기에 나타나서 현재에 이르고 있다.

조동사 「るる(れる)」, 「らるる(られる)」는 「せる」, 「させる」와 복합한 「せらるる」, 「させらるる」의 형태로 많이 나타나며 이것이 「しゃる」, 「おしゃる(さっしゃる)」로 변화하여 널리 사용되었다.

② 겸양어

겸양을 나타내는 동사에는 上げる・差し上げる・進ずる・頂く・参る・あがる・伺う・お目にかかる・うけたまわる・仕る・致す・申す・申し上げる 등이 있는데 이 중에는 보조동사로 사용되는 것들이 많이 있다. 上方와 江戸 두 지역 모두 「上げる」, 「差し上げる」, 「進ぜる」가 많이 사용되었으며 「進ずる」라는 형태도 있었지만 「進ぜる」가 더 많이 사용되었다.

「仕る」는 武士語이기 때문에 일반 대중은 사용하지 않았으며 대신 「致す」, 「申す」는 동사나 보조사로서 널리 사용되었다.

겸양어는 보조동사의 동작성 한자어 및 동작성 동사에 붙이거나 「おー致す」의 형태로 사용되는 경우가 많았다.

③ 공손어

「ござる」계의 동사보조동사로 사용되는 것이 일반화되었으며 「ござる」는 존경어 동사와 공손어 동사로 구별되었고 후기 江戸語에서 단독으로 사용되는 일은 거의 없었다.

上方와 江戸에서 조동사 「ます」기 붙는 「ございます」의 형태가 일반화되었다. 이런 형태가 시간의 흐름에 따라 「ごぜえます」, 「ごぜえす」, 「ござんす」, 「ございんす」로도 쓰였으며 전기 上方에서는 「ごあんす」, 「ごんす」, 「ごわす」, 「ごある」의 형태로 쓰였다. 그러나 「ーんす」의 형태는 주로 여성, 특히 윤락가의 여성들이 사용하였고 일반인은 거의 사용하지 않았다. 이에 반하여 江戸 후기에 생겨난 「ございます」, 「ござる」와 조동사 「やす」가 결합한 「ございやす」, 「ごぜえやす」가 가정 정중한 말투였다.

전기에 나타난 「でえす」, 「でんす」 등은 사용 용례한 그다지 많지는 않으나 이것은 현재 사용 중인 「です」와 관련이 깊은 것으로 보이며 활용여의 종지·연체형에 접속하는 일이 많다.

室町期의 공손어 「まらする」의 형태가 변천함에 따라 이것이 「まっす」의 형태로 변화하여 현재의 「ます」로 변천하였다.

현재의 조등사 「です」와 관련이 있는 것으로 「でえす」, 「でんす」 등의 용례가 있었지만 수는 그다지 많지 않다.

5. 어휘

　德川幕府의 문교정책의 일환으로 유교를 중심으로 한 퇴계학이 왕성하게 연구되었다. 幕府 직속의 각 藩에도 우리나라의 향교와 비슷한 藩校를 두어 무사의 자녀들은 한자 교육을 받게 되었다. 그 결과 한자와 한문이 널리 보급되었고 한자의 자훈을 일본 고유어에 붙여서 사용하는 宛字가 사용되어 글자 옆에 소리표기(振り仮名)를 하지 않고서는 읽을 수 없는 글자들이 수 없이 나타났다. 그 예를 들어보면 다음과 같다.

> 色彩間苅豆(いろもやうちょっとかりまめ), 花廊賑灯籠濫觴(さとのにぎはひとうろのはじまり), 外題, 三昧(しゃみ)ずる, 所作(しょさ)る, 痴話(ちわ)る, 変化(へんげ)る

　접속조사는 언제나 다른 품사에서 전성한 것이 대부분이었다. 「それ」에서 전성된 것으로는 「それから」, 「それで」, 「それでも」, 「そうなら」, 「さうあれども」, 「あれども」, 「さうなれども」, 「なれども」 등도 사용되었다. 근세의 특징적인 변화로는 「じゃ(ぢゃ)が」, 「だが」, 「が」, 「でも」 등이 이 시대 후기에 나타나고 「が」, 「でも」도 사용되기 시작했다.
　「しっかりと」, 「なぜに」등의 부사도 쓰였는데 조사가 생략된 형태도 빈번하게 나타났다. 또 이 시대에는 서양의 열강들의 요구에 의해 이들과 통상을 하게 되어 새로운 낱말들이 들어오게 되는데 주로 食物과 의복에 관한 어휘가 많았다. 이 당시 사용된 외래어를 나열해 보면 다음과 같다.

> ボーロ, 金平糖, カステラ, パン(포르투칼어)
> コーヒー, 合羽, ボタン, シャボン, コップ, ゴム, コンパス(네덜란드어)

일본어의 역사

제6장

현대

　江戸幕府가 망하고 明治維新이 일어나 신정부(1868)가 성립되었고 그 해 7월 17일 江戸가 東京으로 개칭되고 9월 8일 연호도 明治로 바뀌었다. 明治라는 연호는 주역의 「聖人南面而聽天下, 鄕明而治」에서 따온 것이다. 명치정부의 성립은 봉건정치의 종말을 고하고 근대 국가로서 진일보한 것이라 볼 수 있다. 일본어의 변천을 역사적으로 볼 때 이 시기를 현대라고 부른다.

　江戸語에서 동경어로의 변화는 1887년을 기점으로 명치전기외 명치후기로 나누어 생각할 수 있는데 명치후기에는 현재와 같은 언어체계가 거의 갖추어졌으며 문장어도 이 시기에 거의 체계를 갖추었다. 이렇게 체계를 갖춘 동경어는 패전 후 라디오와 신문 등의 전달매체를 통하여 일본 전역으로 퍼져 나갔다. 근대 일본어로는 江戸語를 계승한 東京語를 기반으로 영어·불어·독어 등 여러 나라에서 외래어가 들어오게 되고 번역을 하는 과정에서도 새로운 한자어가 다수 등장하게 되었다. 또 언문일치 운동에 의한 구어문의 성립, 신문과 잡지 등의 출판물의 증가와 더불어 昭和期에는 라디오와 텔레비전이 널리 보급되어 공통어의 발달에 크게 기여하였다.

1. 문자

현대 일본어를 표기하는 문자에는 한자·平仮名·カタカナ·로마
자 등이 있다. 1900년 8월 문부성에서는 국민학교령 시행규칙을 정하여
복잡한 글씨제를 성리하였는데 두 글자가 합하여 한 글지로 된 것도 있
고 한 글자를 간소화한 것도 있다.

1905년 일본 문부성 발행의 소학교 교과서의 字音語에 한하여 표음
적 가나문자가 채택되었다. 그러나 이런 조치에 강하게 반발하여 고전
적 가나문자(歷史的仮名遣い)의 사용이 전면 폐지되고 패전 후 1956년
현대적 가나문자 체계 공포되어 교과서, 법령, 공용문 등은 이 규칙에
따랐다. 한자는 江戸時代에는 지식인 등의 소유물이었고 일반 서민들은
읽지도 쓰지도 못 하였다. 이와 관련하여 한자 폐지론의 변을 들어 보면
다음과 같다.

　　国家の大本は国民の教育にして其教育は土民を論せす国民に晉から
しめれんには成る可く簡易なる文字文章を用ひさる可￥べからす＜中
略＞西洋諸国のごとく音符字(仮名字)を用ひて教育を布かれ漢字は用
ひられす終には日常公私の文に漢字の用を御廃止相成候様にと奉存候
(前田密)。

　　わたしは、この漢字全廃止、かな使用論者です。漢字を学ぶ間に、

もっとも他の事を学びうるからです。もっとも一度に漢字全廃ということは混乱もありましょう。むしろ、ローマ字を使用すれば、この国民に大いなる利益を与えることでしょう(S・R・Brown;高谷道男訳)。

위와 같이 한자에 관한 폐지론·제한론 등이 무성하였고 히라가나를 전용하자는 움직임 등이 나타나 실제 그 사용을 시도하였으나 이에 반대하는 세력도 만만치 않았다. 일본어의 속성상 한자의 사용 없이 의미전달이 되지 않아 결국 폐지되었다. 이와 동시에 로마자의 표기법만 빌어서 사용하려는 시도도 있었으나 이것도 실행되지 못하고 현재의 가나 철자법이 생겨나게 되었다. 한자폐지 불가론자들의 변을 들어 보면 다음과 같다.

日本ニ仮名ノ文字アリナガラ漢字を交ヘ用ルハ甚ダ不都合ナレドモ (中略) 漢字ヲ全ク廃スルノ説ハ願フ可クシテ俄二難キ事ナリ。此説ヲ行ハントスルニハ時節ヲ待ツヨリ外ニ手段ナカルベシ。(中略) 今日ヨリ次第ニ漢字ヲ廃スルノ用意専一ナル可シ。(中略) 其用意トハ文章ヲ書クニムズカシキ漢字ヲバ成ル丈ケ用ヒザルヤウ心掛ル事ナリ。

이것은 한자사용제한론이기도 한데 이러한 제안을 받아들여 문부성은 소학교령실시규칙을 만들어 교육에 필요한 한자를 1,200자로 제한했다. 1948년에는 상용한자 중에서 의무교육기간 중에 지도해야 할 한자 881자를 만들기도 했다.
한편 명치이후 서양인과 빈번하게 접촉하게 되어 로마자 철자법을 사용하는 경우도 생겨났다. 로마자 철자법으로는 헤본식 철자법이 가장 먼저 생겨났는데 이것은 미국의 헤본이『和英語林集成』제 2판에 사용

된 영어식 철자법에 기초를 둔 것이다. 그 이후 훈령식과 일본식 철자법
도 생겨났다.

和英語林集成 第2版 (広島大学蔵本에 의함)

도치리나 · 크리스천의 로마자 철자법				
a	i, y, j	v, u	ye	
ca	qi, qui	cu, qu	qe, que	co
ga	gui	gu, gv	gue	go
ɼa,sa	xi	ɼu	xe	ɼo, so
za	ji	zu	je	zo
ta	chi	tçu	te	to
da	gi	zzu	de	do
na	ni	nu	ne	no
fa	fi	fu	fe	fo
ba	bi	bu	be	bo
pa	pu	pe	po	
ma	mi	mu	me	mo
ya		yu		yo
ra	r	ru	re	ro
va,ua				vo, uo

※橋本進吉『キリシタン教義の研究』40-41 項

네덜란드語音에 기초를 둔 로마 철자법				
a	i	oe	e	o
ka	ki	koe	ke	ko
sa	si	soe	se	so
ta	ti	toe	te	to
na	ni	noe	ne	no
fa	fi	foe	fe	fo
ma	mi	moe	me	mo
ja	ji	joe	je	jo
la	li	loe	le	lo
wa	wi	woe	we	wo
ga	gi	goe	ge	go
za	zi	zo	ze	zo
da	di	doe	de	do
ba	bi	bu	be	bo
pa	pi	poe	pe	po

※ 大槻玄沢 『蘭學階梯』(1788)

「標準式」 로마자 철자법									
a	i	u	e	o	ma	mi	mu	me	mo
ka	ki	ku	ke	ko	ya	(y)i	yu	(ye)	yo
ga	gi	gu	ge	go	ra	ri	ru	re	ro
sa	(si)	su	se	so	(wi)	(w)i	(w)u	(we)	(wo)
za	(zi)	zu	ze	zo					
sha	shi	shu	(she)	sho	kya	kyu	kyo		
ja	ji	ju	(je)	jo	gya	gyu	gyo		
ta	(ti)	(tu)	te	to	nya	nyu	nyo		
da	(de)	(du)	de	do	hya	hyu	hyo		
tsa	(tsi)	tsu	(tse)	tso	pya	pyu	pho		
cha	chi	chu	(che)	cho	bya	byu	byo		
(dja)	(dji)	(dju)	(dje)	(djo)	mya	my	myo		
na	ni	nu	ne	no	rya	ryu	ryo		
ha	hi	hu	he	ho	nu	m			
(fa)	(fi)	fu	(fe)	(fo)	(la)	(li)	(lu)	(le)	(le)
pa	pi	pu	pe	po	(va)	(vi)	(fu)	(fe)	(fo)
ba	bi	bu	be	bo					

※ ( ) 안은 표준음 이외의 것임.

「日本式」 로마자 철자법

a	i	u	e	o			
ka	ki	ku	ke	ko	kya	kyu	kyo
sa	si	su	se	so	sya	syu	syo
ta	ti	tu	te	to	tya	tyu	tyo
na	ni	nu	ne	no	nya	nyu	nyo
ha	hi	hu	he	ho	hya	hyu	hyo
ma	mi	mu	me	mo	mya	myu	myo
ya	(yi)	yu	ye	yo			
ra	ri	ru	re	ro	rya	ryu	ryo
wa	wi	(wu)	we	wo			
ga	gi	gu	ge	go	gya	gyu	gyo
za	zi	nu	ze	zo	zya	zyu	zyo
da	di	du	de	do	dya	dyu	dyo
ba	bi	bu	be	bo	bya	byu	byo
pa	pi	pu	pe	po	pya	pyu	pyo
ga	gi	gu	ge	go	gya	gyu	zyo
za	zi	zu	ze	zo	zya	zyu	zyo
da	(zi)	(zu)	de	do	(zya)	(zyu)	(zyo)
ba	bi	bu	be	bo	bya	byu	byo
pa	pi	pu	pe	po	pya	pyu	pyo

「訓令式」 로마자 철자법

a	i	u	e	o			
ka	ki	ku	ke	ko	kya	kyu	kyo
sa	si	su	se	so	sya	syu	syo
ta	ti	tu	te	to	tya	tyu	tyo
na	ni	nu	ne	no	nya	nyu	nyo
ha	hi	hu	he	ho	hya	hyu	hyo
ma	mi	mu	me	mo	mya	my	myo
ya	(i)	yu	ye	yo			
ra	ri	ru	re	ro	rya	ryu	ryo
wa	(i)	(u)	(o)				
ga	gi	gu	ge	go	gya	gyu	gyo

za	zi	zu	zu	zo		zya	zyu	zyo
da	(zi)	(zu)	de	do		(zya)	(zyu)	(zyo)
ba	bi	bu	be	bo		pya	pyu	pyo
sya	shi	shu		sho				
		tsu						
cha	chi	chu		cho				
		fu						
ja	ji	ju		jo				
di	du	dya	dyu	dyo				
kwa								
gwa								
			wo					

　위의 헤본식(표준식)과 일본식을 통일하려는 노력이 1937년 내각훈령 제3호로 공포된 것이 훈령식이다. 그러나 이것은 미군정에 의해 시도된 것으로 1954년 12월 「로마자 철자법」이 내각훈령 및 고시로 공포되어 일본어의 절차법은 통일되었다.

　가나 철자법 즉 가나문자의 표기법은 江戸時代에는 契沖의 가나철자법(歷史的仮名遣い)이 이미 보급되어 있던 것과 마찬가지로 국학자들 사이에는 이 철자법의 규범에서 벗어나지 못하고 안정된 상태로 인기를 끌며 애용되고 있었지만 戯作者와 일반인 사이에는 커다란 혼란을 겪고 있었다. 이러한 외중에도 명치정부는 고전적 가나철자법을 채용하여 학교 교육에도 이것을 도입시켰다.

　한편 현실적으로 실제와 동떨어진 고전적 가나철자법의 사용은 큰 불편을 가져와 표음식 가나철자법의 제정을 주장하는 사람들이 나타나게 되었다. 그리하여 한 때는 소학교 교과서의 한자음에 표음식 철자법을 사용하게 되었다.

현대적 가나철자법은 원칙적으로 현대어의 음운법칙에 기반을 두고 있음으로 고전적 가나철자법에서 사용되던 문자 즉,「ゐ・ゑ・を・くわ・ぐわ・ぢ・づ」등은 자연히 사용하지 않게 되었으며 어중・어미에 사용되던「は・ひ・ふ・へ・ほ」는「わ・い・う・え・お」로 사용하게 되었다. 그러나 이렇게 제정된 현대적 철자법에도「は・へ・を」등은 이전의 철자법대로 사용하는 등 현대의 음운에 맞지 않는 것들이 적지 않게 나타났다.

훈토 일명 오쿠리가나(送り仮名)라고도 하며 이것은 원래 한문을 훈독할 때 모르는 부분을 틀리지 않게 하기 위하여 편의상 글자와 글자 사이에 써 넣은 것으로『打聞集』등에 나타나는「王ト」(みかど),「錢ニ」(ぜに) 등의 뒤에 붙는「ト」,「ニ」등이 훈토식 철자법에 속한다.

명치시대의 훈토식 철자법에 대하여 中根淑의『日本文典』(1878)이 좀 빠르기는 하지만 일본 문부성은 1894년 내각관보국이 편찬한『送仮名法』이 출판되고 1907년에는 일본의 문부성 국어조사위원회가『送仮名法』을 보완하여 완성하였다. 후자는 문어문에 대한 철자법 규범이고 구어에 대해서는 1901년 국어심의회가 훈토식 철자법(送り仮名付け方)을 제정하고 건의안을 만들어 내각훈령 및 고시로 이를 공표하였다.

꼬리문자(振り仮名)도 한문 훈독을 하기 위해서는 필수적인 것으로 당시에는 가타가나든 히라가나든 어느 쪽을 사용하여도 문제가 되지 않았다. 이 이외에도 구독점과 音符 등이 사용되었다.

2. 문체

    현대 일본어 문장의 문체는 구어문체와 문어문체가 있다. 문어문에는 한문훈독에 가까운 和文體와 영어 직역체 등이 있는데 명치시대 중기부터 이들을 절충한 보통문이 나타나서 법령과 공용문 등에 널리 사용되었고 候文도 쓰였다. 그러나 패진 후에는 이들 문체는 섬차 없어지고 법령과 공용문에만 사용되었다. 구이문은 명치 중기에 동경어를 중심으로 생겨났으며 西周의 『百一新論』 등에는 회화체의 구어문이 사용되었다. 또 「だ」, 「です」, 「である」의 문체가 사용되어 언문일치운동에 박차를 가하였다.

    현대어의 문장은 여러 면에서 江戸時代의 문체와 차이가 있었다. 이 시대의 특징은 무엇보다도 구어문의 탄생이라고 할 수 있다. 島村藤村은 早稻田文学에서 다음과 같이 말하고 있다.

> 明治文学の黎明期に於ける大きな仕事の一つとして考ふべきは、所
> 謂言文一致なる文体の発見であろう。過去の制約からの文章の解放で
> あろう。(早稻田文学)

    그러나 이 시기에는 문어문이 주류를 이루었다. 이 시대의 문체는 江戸時代의 문체를 계승한 것으로 한문 및 한문 직역체·화문체·소오로오문체·서양문직역체 등이 있었다. 이 이외도 특이한 것은 한문직역체·화문체·서양문직역체가 혼합되어 생겨난 보통체도 있었다. 그러나 이 시대의 특징적인 것은 언문일치 문체의 탄생이다. 前島密은 江戸時代의 마지막 장군 徳川慶喜에게 건의한 『漢字語廢止之義』 중에서 다음과 같이 이야기하고 있다.

国文を定め文典を制するに於いても必ず古文に復し「ハベル」「ケル
カナ」用る儀には無御座今日普通「ツカマツル」「ゴザル」の言語を用ひ
之の儀に一定の法則を置くとの謂ひに御座候。

위의 『漢字語廢止之義』 이외에도 加藤弘之의 『交易問答』(1869), 西
周의 『百一新論』 등 계몽서에도 「でござる」체가 사용되었다.

1988년 二葉亭四迷・山田美妙 등은 문말에 「だ」, 「です」, 「であり
ます」, 「である」 등의 문체를 사용하는 언문일치체 소설이 발표되어 세
상 사람들의 주목을 받았
다. 그래서 세상 사람들
은 「だ体」라면 二葉亭四
迷, 「です体」하면 山田
美妙, 「であります体」하
면 嵯峨の屋おむろ, 「で
ある体」하면 尾崎紅葉로
통하였다. 「だ体」는 二葉
亭四迷의 『浮雲』, 嵯峨
の屋おもろ의 『初恋』 등
을 들 수 있다.

1900년경에는 소설
이외에도 언문일치운동
이 한창이었다. 「である

『浮雲』第三篇(『都の花』第5巻 21号)

浮雲

二葉亭四迷

第十九回

何か用事が有りて下座敷へ降りれば、家内中寄集まりて、口を解いて面白さうな雑談などしてゐる時でも、よそ口を結んで顔を曇らせる。皆云ひ合したやうに、よそ口を結んで顔を曇らせる。

お勢い一旦お文三を仇あく罵めいしたものゝ、心よりさはには思はれんか、其後いたい冷淡ながかりで、さして辛くも當らんが、それる引替へて、お政れ文三を憎んで始終出て行けがしな待遇す。

調」의 문체하면 일반적으로 尾崎紅葉의 문체를 예로 들고 있지만 嵯峨の屋おむろ의『薄明の鈴子』(1888)에 사용된 문체가 더 빠르다. 尾崎紅葉는 雅俗折衷体의 문체를 썼으나『二人女房』(1893)도 중간부터 갑자기「である体」인 언문일치체를 사용했으며 그 이후부터『隣の女』,『多情多限』등을 발표하여「である」언문일치체를 완성하였다. 당시 이 문체의 완성은 사회적으로 많은 영향을 미치게 되어 후에 島崎藤村도 이 문체를 사용하였다.

正岡子規는 신문『月刊』의 부록에 언문일치에 가까운 문체가 실제로 사용되고 있다고 주장했다. 또한 夏目漱石는『ホトトキス』에『俺輩は猫である』를 발표하여 언문일치운동에 불을 지폈다.

3. 중앙어와 지방어

江戸時代에는 藩을 중심으로 제각기 다른 방언을 사용하였는데 明治時代가 되어 정치문화의 중추가 됨에 따라서 자연히 동경어가 중앙어의 위치를 차지하게 되었다. 표준어의 형성에 따라서 국가관이 형성되었고 방언에 대한 콤플렉스 현상도 나타났다. 전대와 마찬가지로 이 시대에도 동경어가 전국 각지의 사람들이 이해할 수 있는 상태는 아니었다. 헤본의 기록에 의하면『和英語林集成』의「INTRODUCTION」에는 다음과 같이 써 있다.

Beside the above mentioned, many other difference exist; but one conversant with yedo dialet will have no difficulty in being understood in any part of the country, amongest the educated classes.

다시 말하면 지식인은 동경어를 이해할 수 있었는데 무식자는 이해하지 못했으며 각 藩의 말은 서로 통하지 않았다는 것이다. 이러한 기록에 의해서 방언을 크게 동서양대방언권으로 크게 나눌 수 있는데 이와 같은 동서 2대방언의 대립은 상대시대부터 나타났다.

方言区劃図 (東条操編 『日本方言学』에 의함)

明治末期의 일본어조사위원회에서 조사한 내용을 보면 중부지방의
越中・飛驒・美濃・三河의 동쪽을 연결하는 선과 新潟県의 鳥居峠와
静岡県의 浜名湖를 연결하는 선을 중심으로 음운・어법・어휘 등이 특
이성을 나타내고 있다.

語法 역시 방언에 따라 차이가 나며 사역의 조동사는 전국적으로 차
이를 나타내는데 그것을 도표로 나티내면 다음과 같다.

東部方言(北海道・東北方言・関東方言・東海東山方言・八丈本土方
言島方言)
西部方言(北陸方言・近畿方言・中国方言・雲伯方言・四国方(日本
語)言)
九州方言(豊日方言・肥築方言・隆方言)

琉球方言(俺美大島方言・沖縄方言・隆方言)

참고로 동부방언과 서부방언의 차이를 예로 들어보면 다음과 같다.

東部方言	西部方言
受けよう	受きよう
来よう(きよう)	来う
しょう	しょう
行かない	行かぬ(ん)
行かなかった	行かななんだ
行かないで	行かないで(んで)
行かないければ	行かねば
早くしろ	早うせよ(せい)
花だ	花じゃ(や)
買ったのだろう	買うたのじゃろう(やろう)
借りたね	借ったの(のう)

4. 음운

현대 동경어의 음운은 江戸後期의 江戸語와 그다지 큰 차이는 없으나 연모음·한자음·외래어 등에서 江戸時代와 차이를 나타냈다. 명치유신 이후 서양에서 외래어가 많이 들어오게 되어 江戸時代에도 없었던 특이한 발음이 나타나게 되었다. 또 「ヒ」를 「シ」로 발음하는 현상이 나타나서 人[shito], 一口[shitokutsi]」, 広い[shiroi] 등으로 발음되었다. 또 외국어의 영향에 의히어 江戸語에는 없었던 특수한 발음이 생겨나게 되었다. 영어 이외에 다른 언어의 학습도 활발하게 이루어져 외국어를 존중하는 풍조가 생겨나게 되었다. 『浮雲』에서도 「ヒ」와 「シ」의 혼동을 언급하고 있다. B·H 챔버린은 그의 저서 『A handbook of Colloquial Japanese』에서 다음과 같이 말하고 있다.

HI of rather the hi has, a tendency of pass into shi, and even into simple sh, especially in the mouths of the vulgar of tōkyō, who pronounce, for instance, the word hige, "beard", as shige, and hito, "person" as shito.

위의 표현으로 볼 때 「ヒ」와 「シ」의 혼동은 현재와 마찬가지로 이시대에도 존재했었다는 사실을 알 수 있다.

1) 모음

현대의 표준모음은 [a], [i], [u], [e], [o] 5개인데 京都의 음가와 大阪의 음가는 차이가 있고 유성음인 모음도 동경어에서는 キ·ヒ·ツ·ク 와

같은 무성자음이 관동지방에도 나타났다. 그 예를 들어보면 다음과 같은 것들이 있다.

キシャ(汽車) ヒト(人) ツキ(月) クサ(草)

위의 현상은 무성자음 사이에 끼어 있는 유성음 [i], [u]가 무성음화된 것이다.

연모음은「笑う」,「歌う」,「思う」에서 나타나는 ワ, ア행의 오단활용 동사의 종지형, 연체형이 江戸時代 후기에는 [uto:], [waro:], [omo:]로 발음하는 경향과 [utau], [warau], [omou] 등 연모음으로 발음하는 등 서로 구별하여 사용되었다. 1888년경에는 장음으로 발음하는 경향은 거의 없었고 위와 같이 연보음으로 발음하는 것이 일반적인 현상이었다. B·H 챔버린은 위 현상을 그의 저서『A handbook of Colloquial Japanese』에서 다음과 같이 말하고 있다.

kau "to buy", sounds nearly like the English "cow". In the case of verbs ending in au, sucu as kau,: to buy "morau" to receive, it is indeed optional to pronounce the letter au like a long ō. But this is more charactistic of Western Japnanese than of Tōkyō usage.

다시 말하면 장음으로 발음하는 것은 관서어의 특징이고 연음으로 발음하는 것은 동경어의 특징인 것이다.

자음과 음절

현대 동경어의 음절의 구조에 대하여 크게 두 종류로 나눌 수 있다.

(1) 모음으로 끝나는 것

　　　　가. 모음만으로 끝나는 것 : a, i, u, e, o

　　　　나. 자음 한 개와 모음 한 개로 끝나는 것 : ka, ∫i, te, no, mu

　　　　다. 자음 두 개와 모음 한 개로 끝나는 것 : kja, nju, mjo

(2) 자음만으로 구성된 것

　　　　가. 촉음으로 구성된 것 : -k, -t, -p, -s, -∫

　　　　나. 발음(撥音)으로 구성된 것 : m, n, ŋ

　　일본어의 음절 구조는 위와 같은데 (1)은 개음절이라고 하며 (2)의 용례는 学校(がっこう), 切手(きって), 一致(いっち), 雑誌(ざっし) 등이다. 또 이와 다르게 「ン」으로 구성된 것으로 「弁当」, 「三階」 등도 있는데 일본어 음절 전체로 보면 특수한 것들이다.

<표> 모음과 자음의 구성

ka	sa	ta	na	ha	ma	ja	ra	wa
ki	∫i	t∫i	ni	hi(çi)	mi		ri	
ku	su	tsu	nu	Fu	mu	ju	ru	
ke	se	te	ne	he	me		re	
ko	so	to	no	ho	mo	jo	ro	
ga	za(dza)		da		ba			

gi	dʒi			bi	
gu	dzu			bu	
ge	dz(dze)		de	be	
go	zo		do	bo	
ŋa				pa	
ŋi				pi	
ŋu				pu	
ŋe				pe	
ŋo				po	

위의 표는 이 시대의 대표적인 표준발음을 나타내고 있는데 이 이외에도 이미 언급한 拗音·撥音·促音 등이 있다. 위 표를 자세히 분석해 보면 サ행에는 [ʃ]가 사용되었고 タ행에는 [tʃ], [ts]가 사용되었다. 음절이 두 개 이상 결합하는 경우는 전대와 차이가 없으나 몇가지 음운법칙에서 다음과 같은 차이가 난다.

① 撥音의 음절은 어두에 오지 않는다. 다만 특정한 낱말에 한정하여 어두에 [m]이 올 수 있다.

② ハ행 음절은 어두에 한정적으로 나타나고 어중이나 어미에 오지 않는다. 다만, 「母(はは)」, 「はなはだ」, 「あひる(家鴨)」 등 예외적인 것도 있다.

③ 촉음은 어두와 어미에 오지 않는다.

④ [g]음은 カ행 음절의 음운에, [ŋ]음은 제2음절 이하에 온다. 다만 수사 「十五」는 어중에서도 「ゴ」로 발음하는 예외적인 것도 있다.

5. 문법

1) 대명사

　대명사의 사용은 대체적으로 전 시대와 비교하여 큰 차이 없이 현대로 이어졌으나 신분제도의 붕괴에 따른 경어법의 변화와 외국어의 영향에 의하여 약간의 변화가 나타났다. 인칭대명사 중에서 무사계급이 없어진 결과, 무사들이 사용하던 제1인칭 명사「それがし」,「みども」등은 없어졌고 제2인칭 대명사「お前」도 점차 소멸되어 존경의 의미를 내포한「お前さん」이라는 인칭대명사가 새로 생겨났다. 이 말은 명치시대가 되면 아버지가 아들에게, 형이 동생에게 자주 사용하는 경향이 있었으나 언문일치가 확립됨에 따라서 윗사람이 아랫사람에게 사용하게 되었고「貴様」도 현재와 같은 의미로 사용되었다.「きみ」,「ぼく」등은 전 시대에 무사들과 유학자들만이 사용하던 말이었는데 이 시대에 와서 書生들 사이에서 사용되다가 일반화되었다. 이 시대의 경어법에「僕」에 대하여「学生から先生に向かって使うのは、礼儀ではない。」라고 쓰여 있는 것을 보면 사용이 제한 적이었던 것 같다. 森鷗外와 上田万年에 의하면「彼」,「彼女」등은 1888년경 서양어의 영향에 의하여 생겨난 것이며 島崎藤村에 의하면「それ」는 명치기의 문어로 앞 문장에서 이미 거론된 사실에 대한 의미내용을 연결하는 것으로 이것 역시 서양어의 영향에 의하여 나타난 것이다.

2) 동사

　동사의 활용은 5단 활용, 하일단 활용, カ행 변격활용, サ행 변격 활용 등 전 시대와 마찬가지로 5종류이다. 「恨む」는 상일단과 5단 활용을 함께 하고 명치시대 전기에 「恨みられる」 등의 용례가 『浮雲』에 나타나지만 이 시대 후기가 되면 5단 활용 동사로 완전하게 변화된다. '蹴る」도 하일단 활용과 5단 활용 두 가지 활용을 하였으나 이 시대에 5단 활용으로 정착하였다. 원래 4단 활용을 하는 「飽く」, 「足る」, 「借る」, 「染る」는 근세부터 상일단 활용을 하기 시작하여 이 시대에 관동지방에 정착되었다.

　또 가정의 조건을 나타내는 「あらば」, 「あるくば」 등은 「미연형+ば」로 표현되는 가정표현 방식으로 명치시대에 이르면 이러한 가정법은 사라지고 대신 「가정형+ば」의 형식을 사용하게 되었다. 이 시대에는 「あれど」, 「読めども」 등의 형태도 소멸되었다. サ행 변격 활용과 5단 활용을 하는 愛す, 訳す, 辞す, 略す 등과 サ행 변격 활용과 상일단 활용을 동시에 하는 案ずる, 感ずる, 達する, 重んずる 등이 있다. 昭和期에 들어오면 見れる, 起きれる, 来れる 등 하일단 활용과 5단 활용을 혼동한 예도 보인다.

　활용형은 연용형과 명령형에 혼돈이 일어났다. ワ행과 ア행 5단 활용 동사의 연용형은 「て」, 「た」가 연속할 때 촉음편이 일어나는 것이 일반적인데 ウ음 변화현상도 교양 있는 사람들 사이에서 사용되었다. 아메리카인 챔버린은 ウ음 변화현상은 관서지방 사람들이 주로 사용하였는데 특히 많은 사람들(public: 군중) 앞에서 이야기 할 때는 동경 사람도 이 ウ음 변화현상을 사용하였다고 한다.

The educated in Tōkyō sometimes follow their example, especially when speaking in public. But this sounds somewhat penantic.

ラ행 5단 활용 동사로 존경의 의미를 나타내는「なさる」,「くださる」,「いらっしゃる」는 연용형이「なさります」,「なさいます」와 같이 2 종류로 사용되고 명령형이「なされ」,「なさい」등 두 종류가 사용되었지만 이 시대가 되면 특별한 경우를 빼면 일상 회화에서는「なさいます」,「なさい」가 사용되었다. 또 연용형에「て」,「た」가 접속할 때「なさって」,「くださって」,「いらっしゃって」,「なさって」,「くだすって」,「いらっして」등의 형태도 있었다.「あそばす」의 형태는 패전 후에 소멸되었다. 동경인이었던 芥川竜之介는 동년배들과 이야기할 때 사용하는 명령표현으로「ーし給え」를 사용한 것을 보면 현재의 언어표현과 격세지감을 느낀다.

3)　형용사·형용동사

형용사는 江戸語에서 중지법으로 사용된「よし」,「なし」등이 명치시대에는「よいし」,「ないし」등으로 사용되었다. 중지법은「帰るしておそし、行くにしては早し」등과 같이 관용구에 사용되는 경향이 많았고「けれども」,「なけれども」와 같은 표현도「よいけれども」,「ないけれども」등으로 표현하게 되었다. 형용동사는「これは迷惑な。」와 같은 종지형「ーな」는 쇠퇴하게 되었다. 그 대신 종지형은「ーだ」를 사용하게 되었고 공손한 표현으로는「です」를 사용하게 되었다.

4)   조동사

「れる」,「られる」는 수동, 자발, 가능, 존경의 의미로 사용되었으며 이 시대에는 수동의 의미를 가진 용법이 발달하였다. 江戸時代에는 수동의 의미를 가진 용법이 발달하였다. 江戸時代의 수동의 표현법은 수동의 주체가 생물이어야 하며 동작지를 위하여 수동의 주제가 고통을 받는 경우에 사용되었다. 그러나 1888년 이후부터 주체가 무생물인 경우에도 사용할 수 있게 되었다.

> それだの涙腺は無理に門を開けられさせて熱い水の…山田美妙,『武蔵野』
> 彼の空想は、ここまで来て、急に破られた。芥川竜之介,『戯作三昧』

추측의 조동사 「よう」가 力行 변격에 접속할 때에는 「こよう」로 쓰이는 것이 보통이었으며 「きよう」는 관동방언에 존재했지만 동경에서는 그다지 쓰이지 않았다. 추측·전문을 나타내는 「げな」는 「そうだ」, 「ようだ」,「らしい」 등이 그 의미를 대신하였으며 「べい」는 江戸時代에 상당히 쇠퇴되었고 현대 일본어에서는 그 자취를 찾을 수 없게 되었다.
　サ행 변격 동사와 접속할 경우 「せう」,「しょう」가 있는데『今色夜叉』,『平凡』에 그 형태가 남아있다.
　연용형에 접속하는 「しゃる」,「さっしゃる」는 명치시대에 이르러 소멸되었다. 그 대신에 「お…なる」,「お…する」의 형태를 사용하여 경의를 표현하였다.
　완료를 나타내는 「ちまう」,「ちゃう」는 「てしまう」가 변화된 형태로 명치 후기부터 나타나게 되었다.

> たまりかねて気缶の火を消し、蒸気をも洩らしちやつたです。山田
> 美妙『嗚呼廣丙号』
> もう寝ちやつた! 早いなア。田山花袋,『田舎教師』
> あいにく雨にあつやツたものだから島崎藤村,『桜の実の熟する頃』

　부정의 의미를 나타내는 「ない」, 「ぬ」는 江戸語에서 어느 정도 사용하기는 하였으나 명치전기에 「ぬ」와 부정의 과거의 의미를 나타내는 「なんだ」가 완전히 쇠퇴되었고 명치 후기에는 「なかった」가 일반적인 표현이었다. 「ぬ」의 연용형 「ず」는 サ행 동사에 접석할 때 「せずに」의 형태가 사용되었고 1900년대 소설에는 「なんにもしずに」(徳田秋声), 「考えも賎に」(長田幹彦) 등으로도 사용되었다.

　지정의 의미를 나타내는 「だ」, 「です」가 많이 사용되었고 「です」는 명치시대 이후에 일반화되었다. 「だ」의 연체형은 「な」 대신에 조사 「の」를 사용하는 경우가 많아 졌으며 조사 「の」와 연결될 경우에 한하여 「な」가 사용되었다.

　부정 추측의 의미를 나타내는 「まい」는 접속 면에서 일정하지 못 하며 1930년대 들어와서 사용범위가 축소되어 관용적인 용법에 한정하여 사용되었다.

5) 　조사

　이 시대의 변화로는 접속조사와 조동사에 특색이 있으며 접속사 「の

に」는「だのに」의 형태로 사용되었는데 1920년경에는「なのに」로 일반화되었다. 보조사「か」는「격조사+か」와「か+격조사」의 두 가지 형태가 있었는데 현대 일본어에는「か+격조사」의 형태가 일반화되었다. 有島武郎의「ある女」에는「たのに」와 함께「外は静かなのに、内は騒がしこと」와 같은 문장에 나타난 것과 같이「なのに」가 혼동되어 나타나고 있었다.

6) 경어

존경의 표현방법도 江戸語와 그다지 큰 차이 없이 동경어로 계승되었으나 江戸語에서 일반적으로 사용되던 것이 동경어에서는 사용되지 않는 말도 있다.

① 존경어

江戸語에서 동사에「お」를 붙인「お出である」의 형태로 많이 사용되었고「お出でなさい」,「お出でになる」가 일반적으로 사용되었다. 보조사를 사용하는 예로는「お…なさる」,「お…になる」,「お…くださる」등의 형태가 있다. 또「お…だ」의 형태도 있었는데 이것은「お…であす」로 바뀌었고 존경의 조동사「しゃる」,「さっしゃる」,「いらっしゃる」가 계승하여 일반화되었다.

② 겸양어

江戸語「ーていただく」와 같은 표현은 그다지 나타나지 않았으며「お…いただく」와 같은 표현은 없었으나 현대에 이르러 겸양의 말투로 바뀌었다.

「伺う」가 「듣다」, 「묻다」의 의미로 사용된 용례는 『浮世風呂』에 나타나고 있으나 이것이 「방문하다」의 의미로 사용된 것은 현대 이후의 일이다.

③ 정령어

「ます」와 함께 쓰였던 「やす」, 「やんす」는 현대와 들어와 그 세력이 쇠되되이 시용되지 않는 대신 명치유신 이후에는 「ます」와 「です」가 일반적으로 사용되게 되었다.

5. 어휘

大槻文彦의 『口語法別記』에 의하면 武家言語와 町人言語 두 가지가 있었다. 江戸의 武家의 언어에는 막부의 旗本言語, 語家人의 언어, 大名들의 언어, 江戸幕府의 가신들의 언어가 있고 町人言語에는 神田의 야마노테언어, 下町言語, 職人言語, 佃鳥言語 등이 있다.

명치유신 이후 많은 외래어들이 들어오게 되는데 영어가 일본에 들어오게 된 것은 막부 말기에서 명치유신 사이이다. 현대에 쓰이는 외래어는 江戸末期에 도입된 것과 명치유신 이후에 들어 온 것들이다. 江戸時代에 도입된 것으로는 포르투칼어, 스페인어, 네덜란드어 등이 있다.

포르투칼어

パン(빵), イルマン(선교사), インヘルノ(지옥), クルス(십자가), バテ

レン(신부), バライン(천국), ビルゼン(처녀)

스페인어
メリヤス

네덜란드어
医学・医学関係 : エキス(extract), オブラード(oblaat), キニーネ(kinine), メス(mess)

天文・物理・科学関係 : アルカリ(alkali), アルコール(alcohol), コンパス(kompas), ソーダ(soda), レンズ(lens)

衣服・植物・自用品 : ずック(doek), ホック(haak), クッキ(koekje), シロップ(Sirop), ドロップ(drop), ビール(bier), ゴム(gom), ペン(pen), ペンキ(pek), ポップ(pomp), ガラス(glass), ランプ(lamp)

軍事・海運・造船関係 : サーベル(Sabel), タラップ(tramp), ピストル(pistool), マドロス(matroos), ランドセル(ransel)

위에서 보는 바와 같이 천문, 의학 등 여러 방면에 네덜란드의 영향이 크며 이 이외에도 도량형, 화폐단위 등 네덜란드어와 관련된 것들이 많다.

명치유신 이후의 외래어에는 불어, 독일어, 러시아어 등이 있다. 영어는 大槻文彦의『言海』에 73 단어가 실려 있으며 1905년에는 早慶戦이 시작되어 야구 용어가 일반화되고 테니스 축구 등의 용어도 일반화되었다. 1925년에는 라디오 방송이 시작되어 저널리즘에 의한 유행어도 생겨났으며 패전 후에는 영어가 급격히 늘게 되었다.

야구용어 :

ベースボル ミット グラブレバット ボル ストライク アウト セーフ
ホームラン

和製英語(省略型) :

ナイター(野球用語, nightter), バックミラー(back mirror), ニュフェイ
ス スト(new face), デモ(strike), マス・コミ(demonstration), テレビ
(television), プロ(professional), アマ(amateur)

프랑스어

문학・예술관계 : アトリエ(atelier), アンコール(encore), デビュー
(début), ルポルタージュ(reportage)

복식・미용관계 : アラモード(à la mode), オーデコロン(eau decologne),
シュミーズ(chemise), ネグリジェ(négligél), ベレー
(béret), ルージュ(rouge)

과학・술 관계 : オムレツ(omelette), コロッケ(croquette), コンソメ
(consommé), グラタン(gratin), シャンパン(champagne)

이 이외에도 영어가 모태가 되어 일본어에 도입된 낱말로는 「サボ
タージュ」에서 생겨난 「サボる」가 있다. 독어는 의학 관계의 용어가 많
으며 네덜란드어와 근친관계에 있기 때문에 네덜란드어의 차용으로 볼
수 있다.

カーゼ(Gaze), カプセル(kasel), カルテ(karte), トラホーム(Trachom),
ノイローゼ(Neurose), ワクチン(Vakzin)

러시아어

カンパ(kampania), ウォッカ(Vodka), トロイカ(traika), ペチカ(pechka),

ノルマ(norma)

외래어는 세계 2차 대전에서 패망한 이후 아메리카 문화의 영향력에
압도당하여「ゼミーナル」는「ゼミナー」로 변화되고「ランデブー」는
「デート」로 바뀌어 사용되고 있다.

主要日本語史關係文獻年表

* 이 年表는 일본어 및 일본어연구사에 대한 것이 많으며 江戸時代까지 주요 年表
들은 연대순으로 배열하였다.

시대구분 한국	시대구분 일본		연대	문헌(저·편저자·작자)
고조선	역사이전	古墳時代		기록 없음
백제고구려신라	상	奈良時代以前	250	奈良県北葛城郡新山出土方格四神鏡
			350	奈良県天理市石上神宮蔵七支刀銘
			400	熊本県江田船山古墳出土太刀銘
			445	後漢書 東夷伝倭
신라	대	奈良時代	604	憲法十七條
			712	古事記(大安麻呂)
			715	播磨国風土記
			720	日本書紀(舎人親王等)
			721	上陸国風土記
			733	出雲国風土記
			759	万葉集
	중	平安	762	万葉仮名文章(산문자료·갑을류 음가의 혼동)
			797	続日本紀(菅野真道等)
			830	西大寺本金光明最勝王經古点
			859	竹取物語
			893	新選万葉集
			900	新選字鏡(昌住)
			904	伊勢物語
			905	古今和歌集(紀貫之等)
			935	土砂日記
			937	和名類聚鈔
			967	源順集(あめつち歌 47首)

			970	口遊
고려	고	時代	974	蜻蛉日記
			1000	枕草子(清少納言)
			1002	源氏物語(紫式部)
			1010	紫式部日記
			1059	更科日記(菅原孝標女)
			1079	金光明最勝王經音義
			1081	類聚名義抄
			1101	悉曇要訣(名覚)
			1106	今昔物語集
			1111	打聞集
			1113	神田本白氏文集
			1181	法華經音義(心覚)
			1186	保元物語・平治物語
	중	鎌倉時代	1205	新古今和歌集(藤原定家等)
			1212	方丈記(鴨長明)
			1216	宇治拾遺物語
			1219	平家物語
			1232	新勅撰集(藤原定家)
			1239	大東急記念文庫蔵点図
			1252	十訓抄
			1266	下官集
			1301	続日本記(卜部兼方)
		南北朝	1330	徒然草(吉田兼子)
			1363	名仮文字遣(阿行)
			1396	川海抄(四辻善成)
			1371	大平気(小島法師)
	세	室町時代	1429	倭片反字切義解
			1439	新続古今和歌集
			1444	下学集(東麓破衲)
			1471	海東諸国記(申叔舟)
			1483	手爾葉大概抄之抄
			1484	温故之新書(大伴広公)
			1485	下学書
			1492	朝鮮板伊呂波<刊>

			1428	音鏡<刊>
			1548	運歩色葉集
			1548	孟子抄
조			1565	新選仮名文字遣
			1592	日本風土記(後繼高)
			1593	平家物語
			1598	落葉集<刊>
			1601	倭玉遍<刊>
			1603	日葡辞書
			1608	日本文典
			1617	下学集
			1620	日本小文典(ロドリゲス)<マカオ刊>
			1632	日本文典(コリヤード)<ローマ刊>
			1636	倭語類解(日鮮對訳言尺辞書)
			1660	狂言記<刊>
			1678	捷解新語(康遇聖)<刊>
	근	江	1682	好色一代男(井原西鶴)
		戸	1688	万葉代匠記(契沖)
			1689	異体字弁(中根元珪)
			1692	和字正濫銘(契沖)
			1728	倭読要領(太宰春台)
		時代	1733	日本文典(オヤングレン)<メキシコ刊>
			1764	雑字類遍(柴野栗山)
	세		1765	古言梯(楫取魚彦)<刊>
선			1767	かざし抄(富士谷成章)<刊>
			1770	てには綱引綱
			1773	あゆひ抄
			1779	詞の玉緒
			1783	蘭学階梯
			1798	古事記伝(本居宣長)
			1801	古言清濁考(石塚竜麿)<>
			1809	浮世風呂
			1812	和蘭語法解
			1819	神字日文伝
			1824	言語四種論(鈴木眠)<刊>

			1826	詞玉橋(富樫広陰)
			1827	語言衣延弁(奥村榮実)
			1828	詞通路(本居春庭)
			1833	語学新書(鶴峰戊申)<刊>
			1833	奈万之奈(東篠義門)
			1835	訓点復古(日尾荊山)
			1841	活語指南
			1857	日本文典例証(クルチウス)<刊>
			1858	和蘭辞彙(桂川国興)<刊>
			1868	日仏辞書(バジェス)<刊>
			1868	日本文典(ホフマン)<刊>

文獻目錄

新村出　東方言語史叢考 岩波書店 1927
吉沢義則　国語概説 立命館出版部 1931
安藤正次　国語史序説 辺江書院 1936
今泉忠義　国語発達史大要 白帝社 1939
金田一京助　国語の変遷(ラジオ新書) 日本放送出版協会 1941
小林好日　国語学の諸問題 岩波書店 1941
湯沢幸吉郎　国語史概説 八木書店 1943
三木幸信　野本語の歴史 国語学会 1954
浜田 敦　古代日本語 六八出版 1946
国語学会　国語の歴史 秋田屋 1948
土井忠生　日本語の歴史 至文堂 1957

一. 通史

塚原鉄男　国語史原論(塙選書)　1961
三沢光博　国語史概説 三和書房 1958
亀井 孝　日本語の歴史 全七巻 平凡社 1964~1966
永山 勇　国語史概説 風間書房 1968
杉本つとむ　国語歴史文典試論Ⅰ~Ⅲ 早稲だ大学出版部 1970~1971
佐藤喜代治　国語史上・下 桜楓社 1970
松村 明　国史概説 秀英出版 1972
小松英雄　国語学史礎論 笠間書院 1973
此島正年　国語史概説 桜楓社 1976
阪倉篤義　日本語の歴史(日本語講座)大修館 1976
岡井愼吾　日本漢字史 明治書院 1934
山田義雄　国語史 文学編 辺江書院 1937
山田俊雄　日本の文学 岩崎書店 1958

山田忠雄　当用漢字の祈字体 武蔵野書院 1958

佐藤喜代治　日本文学史の研究 明世堂書院 1944

金田一京助　国語音韻論 辺江書院 1932

有坂秀世　国語音韻史の研究 明世堂書院 1944

浜田 敦　古代日本語 大八州出版 1946

大槻文彦　国語法別記 国語調査委員会 1918

橋本進吉　国語音韻史 岩波書店 1966

柳田国男　国語史新語編 辺江書院 1936

阪倉篤義　語彙史(講座国語史) 大修館書店 1971

小林好日　日本文法史 辺江書院 1936

＿＿＿＿＿　文法史(日本文法講座 3) 明治書院 1957

辻村敏樹(編)　敬語史(講座国語史) 大修館書店 1972

佐藤喜代治　文体史・言語生活史(講座国語史)大修館書店 1972

江湖山恒明　日本文章史 河出書房 1956

阪倉篤義　文章と表現 角川書店 1975

菊沢秀生　国語音韻論 玉文舘 1935

馬淵和夫　国語音韻論 笠間書院 1968

小林好日　日本文法史(国語科学講座) 明治書院 1933

＿＿＿＿＿　日本文法史 辺江書院 1936

森重 敏　日本文法通論 風間書房 1959

岩井良雄　日本文法史 明治書院 1970

亀井 孝　日本語学のために(論文集 Ⅰ)吉川弘文館 1971

橋本信吉　国文法体系論(著作書 七) 岩波書店 1959

春日和男　存在詞に関する研究 風間書房 1968

橋本進吉　助詞・助動詞の研究(著作書 八) 岩波書店 1969

石垣謙二　助詞の歴史的研究 桜楓社 1966

此島正年　国語動詞の研究 ―体系と歴史― 桜楓社 1966

＿＿＿＿＿　国語助動詞の研究 明治書院 1966

＿＿＿＿＿　品詞別日本文法講座 岩波書店 1973~1974

＿＿＿＿＿　岩波講座日本語 7 (文法Ⅱ) 岩波書店 1936

石坂正蔵　敬語史論考 大八州出版 1934

辻村敏樹　敬語の史的研究 東京堂 1968

林四良・南富士男編　敬語講座 明治書院 1973~1974

柳田国男　国語史 新語編 辺江書院 1936
山田孝雄　国語の中における漢語の研究 宝文舘 1940
大野 晋　日本語の年輪 有紀書房 1961
阪倉篤義　語構成の研究 角川書店 1961
佐藤喜代治　国語語彙の歴史的研究 明治書院 1961
宮島達生　古典対照語彙表 笠間書院 1971
大野 晋　日本語をさかのぼる(岩波新書) 1974
菊沢秀生　国語位相論(国語科学講座) 明治書院 1933
真下三朗　婦人語の研究 東亞出版社 1948
国田百合子　女房詞の研究 笠間書房 1964
亀田次郎　国語辞書史(日本文学講座) 改造社 1935
山田忠雄　三代の辞書 三省堂 1967
川瀬一馬　古辞書の研究 講談社 1955
松村 明　言語生活の歴史(国語教育のための国語講座七) 朝倉書店 1958
時枝誠記　言語生活論(論文集 三) 1976
永山 勇　国語意識史の研究 笠間書店 1963
藤岡勝二　日本語の位置(国学院雑誌十四卷) 1901
金沢庄三郎　日刊両国語同系論 三省堂 1968
　　　　　　国語の研究 同文舘 1968
小倉真平　国語及び朝鮮語のため ウツボヤ書籍 1934
新村 出　国語系統論(国語科学講座) 明治書院 1935
金田一京助　国語史系統論 辺江書院 1938
小倉真平　朝鮮語と日本語(国語科学講座) 1939
白鳥庫吉　日本語の系統 有信堂 1934

二 上代

安藤正次　古代国語の研究 内外書房 1925
　　　　　　古代の国語(日本文学講座) 改造社 1935
万葉集講座　言語研究編 春陽堂 1933
左伯梅友　国語史 上古編 辺江書院 1933
　　　　　　奈良時代の国語 三省堂 1950
馬淵和夫　上代のことば 至文堂 1968

万葉集講座　言語と表現　有精堂 1973

津之地集言　万葉集の国語学的研究　明治書院　桜楓社 1973

山田義雄　所有神代文字の論　国語調査委員会 1953

遠藤嘉基　万葉仮名の研究　明治書院 1934

大野 晋　万葉仮名の研究　明治書院 1972

春日政治　上代文体の研究　新日本図書 1947

小島憲之　上代文学と中国文学(上・下)　塙書房 1962, 1964

德光久也　上代日本文章史　桜楓社 1964

西尾光雄　日本文章史の研究　上古編 1967

西宮一民　日本上代文章と表記　風間書房 1970

橋本進吉　古代国語の音韻について　明世堂 1942

＿＿＿＿　文学及び仮名遣の研究(著作集第四) 1949

大野 晋　上代仮名遣の研究　岩波書店 1953

有坂秀世　上代音韻攷　三省堂 1955

森山 降　上代国語音韻研究　神戸学術出版 1975

山田義雄　奈良朝文法史　宝文舘 1914

左伯梅友　万葉語研究　文学社 1938

木下正俊　万葉集語法　塙書房 1977

吉田金彦　上代語助動詞の史的研究　明治書院 1973

福田良輔　奈良時代東国方言の研究　風間書房 1965

北條忠雄　上代東国方言の研究　日本学術振興会 1966

三. 中古

安田喜代門　中古の国語(国語科学講座)　明治書院 1933

土井忠雄　中古の国語(日本文学講座)　改造社 1935

築嶋裕　平安時代語新論　東大出版会 1977

小林芳規　平安鎌倉時代における漢籍訓読の国語史研究　東大出版部 1967

大坪併治　訓点資料の研究　風間書房 1968

中田祝夫　音図及手習詞歌考　大日本図書 1919

山田孝雄　五十音図の歴史　宝文舘 1938

大矢 透　仮名の研究(啓)明会紀要 1927

尾上八郎　平安時代の仮名の研究　雄山閣 1927

春日政治　仮名発達史序説(岩波講座日本文学) 岩波書店 1933
＿＿＿＿　片仮名の研究(国語科学講座) 明治書院 1934
吉沢義則　平仮名の研究(国語科学講座) 明治書院 1934
小松茂美　かな(岩波新書) 岩波書店 1963
吉沢義則　濁点の成立について 1931
築島 裕　濁点の起源(東大人文紀要) 1964
吉沢義則　仮名交じり文の起源 1931
大野 晋　仮名文学・仮名文の創如 岩波書店 1963
西尾光雄　日本文章史の研究(中古遍) 塙書房 1969
野村精一　源氏物語文体論諸説 有精堂 1970
根来 司　平安女流文学の文章の研究 風間書院 1968
吉沢義則　点本書目(岩波講座日本文学) 岩波書店 1931
山田孝雄　漢文訓読によりて傳へたれたる語法 宝文舘 1935
春日政治　西大寺本 金光明最勝王經古点の国語学的研究 岩波書店 1942
遠藤嘉基　訓点資料と訓点語の研究 弘文堂 1957
田中祝夫　古点本の国語学的研究(総論遍・訳文遍) 講談社 1954
春日政治　古訓点の研究 風間書房 1963
築島 裕　平安時代の漢文訓読語についての研究 東大出版会 1969
馬淵和夫　日本音韻史の研究 学術振興会 1962
菜井茂治　古代国語アクセント試論考 桜楓社 1975
山田孝雄　平安朝文法史 宝文舘 1914
安田喜代門　平安朝文法概説(短歌講座) 改造社 1932
北山谿太　源氏物語の語法 辺江書院 1951
秋葉安太郎　大鏡の研究 桜楓社 1960
岩井良雄　源氏物語法考 風間書院 1977
玉上琢弥　源氏物語評釈 角川書店 1966
橇田定樹　中古中世の敬語の研究 清文堂 1976
原田芳起　平安時代文学語彙の研究 風間書店 1963
木之下正雄　平安女流文学のことば 至文堂 1968
森野宗明　王朝貴族社会の女性と言語 有精堂 1975

四. 中世

松尾 拾　今昔物語の文体の研究　明治書院 1967

小林芳規　平安鎌倉時代における漢籍訓読の国語史的研究　東大出版会 1967

＿＿＿＿　中世仮名文の国史的研究(広島大学文学部紀要) 1971

根来 司　中世文法の研究　風間書院 1975

山口名穂　中世国語における文語の研究　明治書院 1976

金田一春彦　四座構式の研究　三省堂 1964

秋永一枝　古今和歌集声点本の研究(資料編・索引遍)　校倉書房 1969

望月郁子　類聚名義抄四種点付和訓集成　風間書院 1972

櫻井茂治　中世国語アクセント史的考　桜楓社 1976

櫻井光昭　今昔物語の語法の研究　明治書院 1966

田鳥毓堂　正法眼蔵の国語学的研究　風間書院 1977

山田孝雄　仮名遣の歴史　宝文舘 1929

木枝増一　仮名遣研究史　賛精社 1934

大野 晋　仮名遣の起源について(国語と国文学320号) 1950

江湖山恒　新仮名遣論　牧書院 1960

永山 勇　仮名遣い　笠間書院 1977

岡田希雄　類聚名義抄の研究　一條書房 1944

小林芳規遍　法華百座聞抄総索引　武蔵野書院 1975

土井忠生　近古の国語(国語科学講座)　明治書院 1975

湯沢幸吉郎　中世の国語(日本文学講座)　改造社 1935

大友信一　室町時代の言語研究　大岡山書店 1929

鈴木博　周易抄の国語学的研究　精文堂 1972

柳田征司　詩学大成の言語的研究　精文堂 1975

中田祝夫・今村千草　抄物研究図書論文目録　勉誠社 1970

春日政治　国語史上の一画期(日本文学講座)　新湖社 1928

橋本進吉　天草版文録元年 吉利支丹教養の研究　東洋文庫 1928

吉田燈夫　天草版金句集の研究　東洋文庫 1938

土井忠生　吉利支丹語学の研究　精文堂 1932

ロドリゲス土井忠雄訳　日本大文典　三省堂 1955

コリヤード大塚高信訳　日本文典(改訳)　風間書房 1957

土井忠雄　吉利支丹文献考　三省堂(昭和45・再版) 1963

井上 章　天草版伊曽保物語の研究　風間書房 1968

今泉忠義　日葡辞書の研究　桜楓社 1971

大塚光信　キリシタン版エソぽ物語(角川文庫)　角川書店 1971

天理図書館遍　キリシタン版の研究　天理出版社 1973

福島邦道　キリシタン資料と国語研究　岩波書店 1970

森田 武　天草版平家物語難語句解の研究　清文堂 1976

亀井 孝　狂言のことば(能楽全集5)　創元社 1944

蜂屋清人　狂言ことば(日本の古典芸能4)　平凡社 1970

国田百合子　女房詞の研究　風間書房 1964

上田万年・橋本進吉　古本節用集の研究(東京帝大文化大学紀要) 1917

奥村三雄　聚分音略の研究　風間書房 1973

山田忠雄　節用集天正八年本類の研究　東洋文庫 1974

五. 近世

佐藤鶴吉　近世の国語学的研究(岩波講座日本大学)　岩波書店 1931

＿＿＿＿＿＿　近世の国語(国語文学講座)　明治書院 1933

中鳥唯一　近世の国語(国語文学講座)　改造社 1935

山田正紀　江戸言葉の研究　武蔵野書院 1936

湯沢幸吉朗　徳川時代言語の研究　辺江書院(昭和30年,再版)　風間書房 1936

＿＿＿＿＿＿＿　国語史 近世遍　辺江書院 1937

吉田燈夫　近世語と近世文学　東洋舘出版社 1952

湯沢幸吉朗　江戸言葉の研究　明治書院 1954

山田孝雄　俳諧文法概論　宝文舘 1954

村松 明　江戸語東京語の研究　東京堂 1957

杉本つとむ　近代日本語の成立　桜楓社 1960

＿＿＿＿＿＿　近代日本語　紀伊国屋書店 1967

＿＿＿＿＿＿　近代日本語の新研究　桜楓社 1967

北原保雄　きのふはけふの物語　笠間書院 1975

近代語学会遍　近代語研究一 ～ 四　武蔵野書院 1965－1969

村松 明　洋楽資料と近代日本語の研究　東京堂出版 1970

杉本つとむ　江戸時代蘭語学の成立とその展開　早大出版部 1976

岩淵悦太郎　オ段長音に於ける開合について(文学18) 1933

岩淵悦太郎　謡曲発音資料としての謳曲英華抄 岩波書店 1944

亀井 孝　蜆縮涼鼓集を中心にみたよつかな(国語学4) 1950

浜田 敦　音曲玉淵集 臨川書店 1975

山崎久之　国語待遇表現体系の研究 武蔵野書院 1958

小島俊夫　後期江戸言葉の敬語体系 笠間書院 1974

錦谷 雪　言語遊戯考 発藻堂書院 1927

佐藤鶴吉　元禄文学辞典 新潮社 1928

宮武外骨　ありンス国語辞語彙 半狂堂 1929

上田万年・樋口慶千代　近松語彙 富士房 1930

穎原退蔵　川柳雑俳用語考 岩波書店 1953

大曲駒村　川柳大辞典 日本社 1955

前田 勇　文楽語彙(せんぽう考) 杉本書店 1957

湯沢幸吉郎　廓言葉の研究 明治書院 1964

眞下三朗　遊里語の研究 東京堂 1966

白木 進遍　かたこと 笠間書店 1976

吉沢義則　校本物類称呼諸国方言索引 立命館出版部 1933

東篠 操　方言の研究 朝日新聞社 1931

杉本つとむ　解説物類称呼 八坂書房 1976

東篠 操　方言の研究 辺江書院 1949

前田 勇　大阪弁の研究 朝日新聞社 1949

＿＿＿＿　近世上方語考 杉本書店 1957

＿＿＿＿　近世上方語辞典 東京堂 1964

＿＿＿＿　近世語源辞典 東京堂 1965

＿＿＿＿　江戸語大辞典 講談社 1974

村山七部　漂流民の言語 吉川弘文舘 1965

中田祝夫遍　原本三河語 勉誠社 1970

深井一郎遍　雑兵物語研究と総索引 武蔵野書院 1973

金田 弘　洞門抄物と資料 桜楓社 1976

吉町義雄　九州のことば 双文社 1977

六. 現代

中村通夫　東京語の性格 川田書房 1948

村松 明　江戸語東京語の研究　東京堂　1957

杉本つとむ　近代日本語の成立　桜楓社　1960

＿＿＿＿＿＿　現代語の成立　講座現代語2　汐文社　1964

＿＿＿＿＿＿　近代日本語紀伊　国屋書店　1956

＿＿＿＿＿＿　近代日本語の新研究　桜楓社　1967

飛田良文　現代日本語の形成(新日本語講座4)　1975

西尾光雄　近代文章論研究　辺江書院　1951

山本正秀　近代文体発生の史的研究　岩波書店　1965

尾崎知光　近代文章の黎明　桜楓社　1967

瀬吉 確　改訂近代日本文章史　自帝社　1968

山本正秀　言文位置の歴史　岩波書店　1971

大島田人　資料近代文章史　桜楓社　1973

木坂 基　近代文章の成立に関する基礎的研究　風間書店　1976

保科孝雄　日本口語法　同文舘　1912

山田孝雄　日本口語法講義　宝文舘　1923

湯沢幸吉郎　現代口語の実相　習文舘　1951

＿＿＿＿＿＿　口語法精説　明治書院　1953

吉田金彦　現代語助動詞の史的研究　1971

三宅武朗　現代敬語法日本語　日本教育振興会　1934

辻村敏樹　現代の敬語　共文社　1967

＿＿＿＿＿　明治初期の用語　秀英出版　1959

盛岡健二　近代語の成立　明治書院　1969

広田榮太郎　近代訳語考　東京堂　1969

模垣 実　日本外来語の研究　岩波書店　1943

山本正秀　言文一致の歴史論考　桜楓社　1971

＿＿＿＿＿　近代文体発生の史的研究　岩波書店　1965

斎藤 静　日本に及ぼしたオランダ語の影響　篠崎書林　1966

平井昌夫　国語国字問題の歴史　昭林社　1948

吉田澄夫・井之口有一遍　国字問題諸案集成　風間書房　1962

＿＿＿＿＿＿＿＿＿遍　明治以降国語問題論集　風間書房　1964

＿＿＿＿＿＿＿＿＿遍　明治以降国語問題論集　風間書房　1972－1978

荒木伊兵衛　日本英語学書　創元社　1931

豊田 実　日本英学史の研究　千城書房　1963

208　일본어의 역사

研究社編輯部遍　日本の英学100年明治遍 研究社 1968

村松 明　洋学資料と近代日本語の研究 東京堂 1970

三沢光博訳　ホフマン日本語文典 明治書院 1968

_____訳　クルチウス日本語文典例証 明治書院 1971

_____訳　外国語資料による日本語研究(国語学) 1977

J・S・ヘボン　和英語林集成 初版 北辰 1966 再版 東洋文庫 1970 三版 講談社 1974

柴田昌吉・子安峻　附音挿図英和辞彙国書刊行会 1975

新村 出　東方言語中叢考 岩波書店 1927

吉沢義則　国語説鈴 立命館大学出版部 1931

安藤正次　古典と古語 三省堂 1935

湯沢幸吉朗　国語学論考 雲書林 1940

小林好日　国語学の諸問題 岩波書店 1941

金田一京助　増補国語研究 八雲書林 1942

有坂秀世　国語音韻史の研究 明世堂 1967

金田一春彦　日本語音韻の研究 東京堂出版 1944

_____　四座講式の研究 三省堂 1964

小松英雄　日本声調史論考 風間書店 1971

春日和男　存在詞に関する研究 風間書房 1968

石垣謙二　助詞の歴史的研究 岩波書店 1955

此島正年　国語助詞の研究 桜楓社 1966

橋本進吉　助詞・助動詞の研究 岩波書店 岩波書店 1969

村松 明　古曾語 現代語 助詞助動詞群説 学燈社 1969

石坂正藏　敬語史論考 大八洲出版 1944

辻村敏樹　敬語の史的研究 東京堂出版 1968

佐藤喜代治　国語語彙の史的研究 明治書院 1971

_____　日本文章史の研究 明治書院 1966

小林好日　方言語彙的研究 岩波書店 1950

山田忠雄　本邦辞書史論叢 三省堂 1967

찾아보기

(1, あ, A)

4단 활용 ·············· 44
いろは字類抄 ········ 110
いろは歌 ·········· 67, 73
う音便 ·················· 103
かり ····················· 79
こそ ····················· 79
たゐにの歌 ············ 73
ん音便 ··················· 71
イ音便 ············· 71, 103
ウ段音 ··················· 30
ウ音便 ··················· 71
オ段乙類 ················ 30
オ段甲類音 ············· 30
オ段音 ··················· 30
カタカナ宣命体 ······ 62
ク活用 ··················· 80
シク活用 ················ 79
タリ活用 ················ 81
ナリ活用 ················ 81
ヲコト점 ················ 61

一字一音 ················ 22
一字二音 ················ 23
万葉仮名 ················ 93
三内鼻音 ················ 37
三河物語 ··············· 134
上代特殊仮名遣 ······ 57
上代特殊假名遣 ······ 11
上方語 ·················· 133
上方語系 ··············· 134
上田万年 ··············· 186
下学集 ··················· 92
乙類 ····················· 29
二字一音 ················ 23
二字二音 ················ 23
交易問答 ··············· 178
京都 ····················· 141
京都語 ··················· 65
仮名草子 ··············· 136
伊伐干 ··················· 20
伊呂波 ··················· 99
伊曽保物語 ············ 112

佐伯梅友 ················ 45
侍り ····················· 127
係助詞 ··················· 84
促音 ····················· 33
促音便 ·················· 103
俗語 ····················· 95
信濃地方 ················ 24
候 ······················· 127
催馬楽 ··················· 59
元禄期 ·················· 133
共通語 ···················· 8
分葉 ····················· 129
初恋 ····················· 178
前項末尾母音 ········· 37
助辭 ····················· 91
千字文 ··················· 18
反音作法 ··············· 106
口語文 ···················· 8
古事記 ··················· 17
古今和歌集 ······· 58, 61
古今秋聞 ················ 93

古今訓点抄 ………… 93	山田孝雄 …………… 51	文語 ………………… 10
古今集 …………… 77	島崎藤村 ………… 186	文語文 ……………… 8
古語 ……………… 10	已然形 …………… 44	日本大文典 ………… 91
史記抄 …………… 96	平仮名 ……… 17, 60	日本文典 ………… 176
合拗長音 ………… 155	平安時代 … 11, 46, 57	日本書紀 ………… 17
合拗音 …………… 33	平家物語 ………… 96	日葡辞書 ………… 92
和字正濫抄 ……… 142	平曲 ………………… 8	日蓮 ……………… 97
和歌 ……………… 65	往来物 …………… 128	明治時代 ………… 15
和漢混合文 ……… 94	後撰和歌集 ……… 75	明治維新 …… 133, 169
和漢混合文体 …… 58	徒然草 …………… 95	書簡 ……………… 127
固有語 …………… 55	御堂関白記 ……… 57	有坂秀世 ………… 32
土佐日記 ………… 61	徳川幕府 ………… 167	東国方言 ………… 65
在唐記 …………… 33	心学関係 ………… 136	東国歌 …………… 24
大槻文彦 ………… 193	悉曇伝 …………… 70	東国系 …………… 120
大野晋 …………… 33	悉曇字記鈔 ……… 99	東歌 ……………… 52
天正日記 ………… 111	悉曇学者 ………… 101	東鑑 ……………… 95
天草本平家物語 … 117	戯作者 …………… 175	森鴎外 …………… 186
奈良時代 ………… 31	戦記文学 ………… 129	橋本進吉氏 ……… 29
女房詞 …………… 130	打聞集 ……… 64, 176	正撤物語 ………… 124
女手 ……………… 60	抄物 ……………… 92	武士大夫 ………… 66
宇津保物語 ……… 63	拗音 ……………… 33	武士語 …………… 165
安藤正次 ………… 45	捷解新語 ………… 72	毛詩抄 …………… 96
宗祇 ……………… 116	推古朝 …………… 18	江戸幕府 …… 133, 135
宛字 ……………… 135	推古朝遺文 ……… 22	江戸時代 ………… 15
宣命体 …………… 62	撥音 ……………… 34	江戸語 …………… 133
室町時代 ………… 91	撥音便 …………… 103	江戸語系 ………… 134
將門記 …………… 64	擬古文 …………… 136	浮世床 …………… 144

浮世草子 ············ 136
浮雲 ··············· 178
海人藻芥 ············ 130
淸音 ··············· 33
源氏物語 ············ 66
源爲憲 ·············· 69
濁音 ··············· 33
熊本地方 ············ 111
片仮名 ·············· 17
物語 ··············· 66
狂言 ··············· 8
王仁博士 ············ 17
甲類 ··············· 29
男伊達 ············· 155
町人 ··············· 133
百一新論 ············ 177
神代文字 ············ 15
神楽歌 ·············· 59
竹取物語 ············ 65
節用集 ·············· 92
耳底記 ············· 115
肥後 ··············· 66
自讃歌注 ············ 116
草仮名 ·············· 58
萬葉集 ·············· 20
落葉集 ············· 128
落葉集(1598) ········ 93

藤原定家 ············ 93
藤原有年申文 ········ 59
藩校 ··············· 167
蘭學 ··············· 135
行阿 ··············· 94
角干 ··············· 20
言海 ··············· 193
訓假名 ·············· 19
訓吐式 ·············· 21
訓点本 ·············· 57
詠歌大槪注 ·········· 116
誓記體 ·············· 20
謠曲 ··············· 8
謳曲英華鈔 ·········· 138
豊後 ··············· 97
軍記物語 ············ 103
輕脣音 ·············· 32
轉呼音 ·············· 70
近松浄瑠璃 ·········· 154
近肖古王代 ·········· 20
遊女語 ············· 155
遊里 ··············· 156
道話 ··············· 136
遠江 ··············· 24
鄕札 ··············· 20
酒落本 ············· 136
重脣音 ·············· 32

金光明最勝王經音義 59
金田一京助 ·········· 32
金石文 ·············· 18
鎌倉幕府 ······ 15, 125
鎌倉時代 ············ 70
鎌倉期 ············· 101
閉音節 ·············· 11
開拗音 ·············· 33
關東地方 ············ 111
防人歌 ·············· 24
院政期 ············· 101
雅文 ··············· 136
音假名 ·············· 19
音曲玉淵集 ·········· 138
音符 ··············· 176
音韻文字 ············ 20
類聚名義抄 ·········· 59
鷄林玉露 ············ 92
鼻母音化 ············ 31
陸奧話記 ············ 64
吏讀 ··············· 20

(ㄱ)
가능 ··············· 81
개음절구조 ·········· 37
개음절화 ············ 35
개음화 ············· 107

212　일본어의 역사

겸양어 ················ 87

경어 ·················· 125

경어법 ················ 75

경어체 ················ 18

계급의식 ·············· 75

고대한국어 ············ 37

고립어 ················· 9

고유어 ················ 125

공손어 ················ 88

교착어 ················· 9

구독점 ················ 176

굴절어 ················· 9

꼬리문자 ·············· 176

(ㄴ)

남성계 ················ 87

네덜란드어 ············ 192

(ㄷ)

단모음 ················ 138

독립성 ················ 40

동부방언 ·············· 181

(ㄹ)

로드리게스 ············ 133

로마자 철자법 ········· 171

(ㅁ)

말음법칙 ·············· 37

명치시대 ·············· 187

모음조화현상 ·········· 11

무성음화 ·············· 138

미연형 ················ 82

(ㅂ)

변격활용 ·············· 50

봉건정치 ·············· 169

부정칭 ················ 76

불변화 ················ 50

(ㅅ)

서부방언 ·············· 181

수동 ·················· 81

스페인어 ·············· 192

(ㅇ)

알타이어족 ············ 37

어두모음탈락현상 ···· 11

여성어 ················ 66

연결사 ················ 46

연성현상 ·············· 73

연용형 ················ 48

연음법칙 ·············· 73

연체형 ················ 50

영어식 철자법 ········ 172

유교사상 ·············· 135

음절결합 ·············· 37

음절문자 ·············· 16

음절조직 ·············· 68

인칭대명사 ············ 40

일본식 철자법 ········ 172

입성음 ················ 34

(ㅈ)

자매어 ················ 12

자발 ·················· 81

접속조사 ·············· 167

조동사 ················ 50

존경 ·················· 81

종지법 ················ 79

종지형 ················ 86

중국어음 ·············· 25

중설모음 ·············· 67

지방어 ················ 137

(ㅌ)

탁음 ·················· 11

퇴계학 ················ 135

(ㅍ)

포르투칼어 ············ 192

포합어 ···················· 9

표음식 철자법 ······· 175

표의문자 ················· 16

(ㅎ)

하 2단 활용 ············ 44

한국어 계통설 ········ 11

한국어음 ················· 25

한글 ························· 16

한자 폐지론 ··········· 170

한자어 ···················· 89

향교 ······················· 167

헤본식 ···················· 136

헤본식 철자법 ······· 171

형용부사 ················· 89

형용사 ···················· 48

회화문 ············· 88, 160

훈독 ························· 19

훈독법 ···················· 63

훈령식 ···················· 175

훈점자료 ················· 85

일본어의 역사

초판인쇄 2011년 2월 7일
초판발행 2011년 2월 14일

저　　자 정원희
발 행 인 윤석현
발 행 처 제이앤씨
등록번호 제7-220호
책임편집 박채린

우편주소 132-702 서울시 도봉구 창동 624-1 북한산현대홈시티 102-1206
대표전화 (02) 992-3253(대)
전　　송 (02) 991-1285
홈페이지 www.jncbms.co.kr
전자우편 jncbook@hanmail.net

ISBN 978-89-5668-821-3　93730　　　　　　　　　**정가** 11,000원